ASAHI SENSHO
朝日選書
1020

巨大企業の呪い
ビッグテックは世界をどう支配してきたか

ティム・ウー 著
秋山 勝 訳

朝日新聞出版

母ジリアン・エリザベスに。私は科学者になるべきだと母はずっと考えてきた。

目次

第4章　独占禁止法の黄金時代――一九五〇～一九六〇年代　77

第5章　巨大テクノロジー企業との戦い――一九八〇～一九九〇年代　87

凡例

・（　）は原書の注記、〔　〕は訳者の注記を示す。
・＊で示した傍注も訳者による注記。

図表作成：鳥元真生

巨大企業の呪い

ビッグテックは世界をどう支配してきたか

ティム・ウー 著
秋山 勝 訳

イントロダクション

　世界規模の大実験が始まって三〇年が経過した。この間、世界中の国々が規模と力にまさる巨大企業を規制する手をゆるめてきた。その結果、いったい何が起きただろう。グローバリズムという名のもと、政府はもっとも豊かで、もっとも強大な企業に助成金さえふるまってきた。だが、それによって世界はどんなふうに変わってしまったのか。

　その答えは誰の目にももはや明らかなはずだ。世界経済を振り返り、産業界ではびこる過度の独占と過度の寡占、あるいは農業や金融、製薬業界など、産業界を横断して何十年にもわたって続く企業の統合の結果に目を凝らしてみるといい。グーグルやフェイスブックなど巨大プラットフォーマーは途方もない力を手に入れ、人々の生活を支配し、あらゆる人間について誰よりも多くの情報を握っている。世界の富も平等などどこ吹く風のように配分され、貧富の差は大きく口を開けて、その様子は自分の王国に安住する世界的な大富豪の姿にまざまざと体現されている。

　一九九〇年代、グローバリゼーションによって貿易の障壁が取り除かれ、世界規模のサプライチェーンが出現すれば、世界中の人々に富がいきわたると約束された。もちろん、地球規模の競争による恩恵は誰が得るのか論議され、労働者は職を追われ、環境への影響が不安視された。しかし、いまになって考えてみると、グローバリゼーションの提唱者や一部の批判者は、資本主義の仕組みをめぐる、さらに基本的な問題について検討することを忘れていた。その問題とは、グローバリゼーションによって新たな独占階級が生み出されるのを見抜けなかった点だ。この階級はあらゆる労働者、あらゆる製造業者、あらゆるサプライヤーから富を奪い去っていく。さらに彼らは、「進歩」の名目でグローバリゼーションの成果を独り占めにする国が現れることも見抜けなかった。

　グローバリゼーションの結果、巨大企業への富と権力の極端な集中が起きた。世界中の国々で政治のあり方が変わり、急進化が続いている。富の集中で中流階級が衰え、彼らは落ちこぼれた不満を抱えながら、ますます過激な解決策を支持するようになった。ブラジル、イギリス、ハンガリー、アメリカをはじめとする国々では、ナショナリズムがかつてない激しさで盛り上がり、その様子は一九三〇年代の第二次世界大戦前の危険な時代と酷似している。当時と同じように衰退していく中流階級は、やはり当時と同じように移民や外国人や同性愛者《ゲイ》、あるいは上流階級の陰謀にその原因を負わせる一方で、政府の権限の強化を求めているが、その権限の流儀は「恐ろしい」としか形容できないほど厳しいものだ。

　私たちが直面しているのは、世界規模の「巨大企業の呪い」だ。その呪いは、より多くの国民にとって、経済的な繁栄ばかりか、自由民主主義そのものにもきわめて深刻な脅威をもたらす。私たちはうかつにも経済民主主義の理念を手放してしまったが、そればかりか経済の独裁が往々にして政治の独裁を生み出す事実も忘れてしまった。民主主義を維持する前提とは、国民がみずからの問題について主権者として決定することにかかっているが、世界中の大半の国の国民はそんなふうには考えていない。

オルド自由主義と反独占の伝統

いま私たちが目にしている流れは、二十世紀の歴史を研究する者にはおなじみの光景のはずだ。前世紀について人間が学んだ事実がひとつあるとするなら、ファシズムと独裁政治にいたる道は、多くの国民の必要を満たすはずの経済政策が破綻したときに用意される。吐き気を覚えるほどの格差と物質的な困窮のせいで、国民はナショナリズムを説く過激な指導者の出現という危険な願望をますます募らせていく。それにもかかわらず、過去の教訓を無視するまねをするなら、私たちはふたたび同じ道をたどっていくことになる。

私たちが直視しなければならない問題とは次のような問題だ。世界規模の独占と寡占の許容は、国民の基本的平等や経済の自由、あるいは民主主義とそもそも共存できるものなのか。さらに、限られた少数者ではなく、多くの国々ですそ野の広い富をもたらすことができるのかという問題であり、独占企業が支配する経済分野に文字通りの新規参入の機会を生み出せるのかどうかという問題だ。また、あまりにも少数の企業に市場の支配力が集中したことで、政府に対して過剰な影響力を持つようになったのではないかという問題だ。しかし、その答えはあえて問うまでもないだろう。

しかし、診断をくだしただけでは十分ではない。本書の最終的な目的とは、巨大企業の独占問題について、人々はかつてどのような解答を導き出したかを再発見すること、つまり、反独占と独占利益の再分配を実現させる方法を考える点にある。この目的を実現するうえでふたつの重要な社会思想が説いていた教訓をあらためて学ぶ必要があるだろう。ひとつはヨーロッパのオルド自由主義で、もうひとつはイギリスとアメリカに伝わる反独占の伝統だ。いずれも第二次世界大戦がもたらした大惨事から復興する際、最優先されるほどの影響力を持っていた重要な思想である。

残念ではあるが、反独占の伝統は衰退しつつある。衰退はアメリカで始まってすでに三〇年以上におよび、反独占が消滅しかかっている産業界もある。衰退は新自由主義《ネオリベラリズム》という過激な思想をむやみに信奉してきた結果だ。新自由主義は一九六〇年代、アメリカの保守派によってはじめて提唱され、その後、装いも新たに世界中に広まった。手短に言うなら、エリート官僚たちが新自由主義を理念として容認したことで、やがてその考えは独占を許容する考えへと変容していき、ついには独占こそ正しいとまで考えられるようになった。その一方で、政治に対する独占企業の過剰な力と影響力という、それまでの懸念は省みられることはなかった。

新自由主義はアメリカ人の権利意識に根差した思想だが、よりにもよって反独占の祖国ともいう国でその伝統を深刻な衰退に追いやりながら、世界の中心から周辺の国々へと広がった。一方、オルド自由主義の故郷であるヨーロッパでは、一見、規制当局は非常に積極的に活動しているようだが、それにもかかわらず、地球規模化した企業の合併運動をあまりにも頻繁に受け入れて承認してきた。意図するところは正しいとはいえ、官僚特有の厳密さにこだわるあまり、巨大企業の偏狭な考えをやすやすと認め、効率性の問題には敏感に反応しても、巨大化する私企業の権力や民主主義に腐敗をもたらす潜在的な問題にはこれという関心を示さない。

最後にアジアの経済圏について言うなら、企業と政府が結びつく機会があれば、むしろ進んで応じる国がほとんどで、国家主導の資本主義が優先される国も少なくない。たしかにこの種の資本主義は、短期的にはきわめて効果的な場合があるが、長い期間にわたって調べると、経済的な理由だけではなく、政治的な理由から問題を起こしつづけてきた。日本は第二次世界大戦前後の時代に政治と経済の両面におよぶ深刻な危機に見舞われた。さらに最近の中国では、国家と民間企業が密接に結びついた結果、憂慮すべき事態が姿を現し始めている。

民主主義の消滅をはばむために

独占企業の権力と富と政治への影響に対し、民主主義国はなりふりかまわずただちに手を打たなければならない。公的権力の暴走を抑えるため、イギリスのマグナ・カルタ、アメリカ合衆国憲法、欧州連合（EU）の基本条約に当たるリスボン条約、国連憲章は書かれてきた。しかし、私企業の権力を抑止する同様な手段を持っていない事実は驚きですらある。私たちが行動しなくても、誰かがかわりに訴えてくれるわけではない。

「歴史から学べなかった者は、ふたたび同じ歴史を繰り返す」と古くから語られてきた決まり文句がある。民主主義体制と権威主義体制が拮抗《きっこう》する時代がふたたび到来した現在、無制限の資本主義によって引き起こされたこの問題に対して、民主主義がなんらかの答えを示すことができなければ、おそらくこの戦いに民主主義は勝利できないだろう。

本書は、現在と過去を往復しながら物語っていくシンプルな構成を採用している。現在の経済状況について詳述したあと、二十世紀に演じられた巨大企業との闘争、その闘争の政治への影響について第二次世界大戦前のドイツと日本に着目しながら検証していく。また本書では、イギリスとアメリカに伝わる反独占の伝統を示す例とともに、後述するアメリカの法律家ルイス・ブランダイスとヨーロッパのオルド自由主義の理念を通じて、この伝統を支える原理も紹介する。これらの理念は第二次世界大戦後に絶頂期を迎え、大いなる繁栄とともに所得の格差は改善されていった。

本書の最後には、現代の巨大企業の呪いと戦うプログラムを記した。そのプログラムは、世界の民主主義は独占に対して国民によりよき解答を示す義務があり、それができなければ民主主義そのものが消滅するという前提に基づいている。

第1章　私たちの道がたどりついた場所

新たな怒りの時代

その昔、世界の主要国は歴史から多くを学んだと言われた時代があった。革命を叫ぶコミュニストやファシスト、深刻な恐慌と二度におよんだ世界大戦の惨状に苦しんだ結果、現在、先進国と呼ばれる国の多くが、大戦後、経済の取り組み方と民主主義における経済の役割を見直してきた。

富裕層が支持する自由放任経済、プロレタリア独裁の共産主義、ファシズムによる国家資本主義という三つの制度は徹底的に否定された。そのかわり、民主主義を掲げる国々は、経済政策の再民主化と富の再分配という政治改革に乗り出していった。この選択によって数十年におよぶ経済成長が続き、そのおかげで層の厚い中流階級が生み出された。彼らが自由という貴重な権利とそれまでにない繁栄を謳歌することで、かつて大きな口を開けていた貧富の差はしだいに縮小されていった。

もちろん、経済的な繁栄と自由の普及は時間的にも地域的にも一様に達せられたわけではない。「グローバル・サウス」と呼ばれる南半球に偏在する開発途上国では、期待されたような繁栄と自由はいまだに達成されていない。だが、欧米とアジアの民主主義国で遂げられた経済的繁栄は、共産主義やファシズムのお株を奪うものだった。気まぐれな資本主義によって不平等と苛酷な社会がもたらされるたび、共産主義とファシズムは革命の声をあげてきた。

産業革命と二十世紀初頭の独占によって不平等な社会が生み出されてきた。この不平等を克服できた経済政策はこれまでに存在したとは言えない。だが、それを克服しようとしてきた物語のひとつが独占禁止法で、私腹を肥やすトラストの経済的・政治的な力を禁止し、独占や巨大なカルテルによる富の集積に抵抗してきた。ファシズムに支配された戦前のドイツと日本、政府と独占企業の癒着がどのような惨状をもたらしたのか、独占禁止法の使命には、そうした悲惨な歴史が教訓として織り込まれている。

　いずれにせよ、市場の集中と所得格差の影響は抜きがたいものだったが、それでも効果は現れた。イギリスにはその事実を詳細に記した記録があり、それによると一九七〇年代後半、イギリスの上位5パーセントの富裕層の所得は20パーセント近くも減っていた。[1] アメリカでは、一九六〇年代後半の時点で、上位1パーセントの富裕層が占める国民所得は8パーセント減少している。[2] フランス、デンマーク、日本、オランダもおおむね同じような傾向を示してきた。[3] 資本主義国はどうやら、富の集中を抑え込むという不可能なくわだてを実現できる方法を見つけたようにも見えた。中流階級に繁栄を約束することで、独占企業が栄える専制政治ではなく、それにかわる魅力的な制度を世界のほかの国々にも提示してきた。

　だが、それもかつての話になってしまった。現在、私たちはふたたびできの悪い映画の続きでも見せられているような状況に置かれている。「新自由主義」と名前こそ変えてはいるが、自由放任《レッセフェール》の経済がふたたび主流の経済イデオロギーに返り咲いてしまった。そして、一九一〇年代と同じように、先進工業国では経済問題に根差したふたつの際立った現象がはっきりと姿を現してきた。一番目の現象は、持つ者と持たざる者の分断であり、憎悪に満ちた対立がふたたび姿を現している。現在、世界の上位1パーセントの超富裕層が全世界の富の45パーセントを手にしている。[4] 世界でもっとも裕福な一〇名の超富裕層が所有している富の総額は七四五〇億ドルで、その金額は多くの国の総生産額をはるかにうわまわっている。[5]

この傾向はとりわけアメリカとイギリスの両国ではっきりとうかがえる。その結果、一九七〇年代に達成された「平等」の成果は消えてしまった。アメリカでは上位1パーセントの富裕層が国民所得の23・8パーセントを占め、国富全体の38・6パーセントという唖然とする数字に達しているばかりか、上位0・1パーセントの超富裕層が国民所得の12パーセントを独占している。[6]

二番目の現象は市場の集中——つまり、少数の大企業によって支配されている業界がふたたび増えてきた点で、とくに先進諸国で際立っている。一九九五年、上位一〇〇社の株式時価総額と下位二〇〇〇社の時価総額の差は平均三一倍だったが、二〇一五年、その差はおよそ七〇〇〇倍にまで拡大している。[7] 二〇〇〇年以降、アメリカの産業界では75パーセントを超える業界で市場の集中が高まっているのだ。[8]

企業の合併件数が増加していく傾向が目に見えて明らかになってきた。かつては参入がオープンとされ、自由競争が当たり前とされたテクノロジー業界でも市場の集中が進み、現在ではフェイスブック、グーグル、アップルなどのひと握りの巨大企業しか残っていない。彼らは自国だけでなく世界中の市場を独占したが、それによって地球規模の過剰な独占状態が生み出されてしまった。

巨大企業の支配を目の当たりにして、私たちは、単なる経済問題を超えた問題に直面しているという不安を抱くようになった。彼らビッグテック企業は世界のあらゆる場所に存在し、私たちについて知りすぎるくらい知っており、私たちが見るもの、耳にするものはもちろん、私たちが何を行い、何を感じているのかについても大きな影響を与えている。このような不安をきっかけに、ごく限られた人間の決定があらゆる人間に大きな影響をおよぼすとき、私たちを本当に支配しているのは誰なのかという議論がふたたび論じられるようになった。

二十世紀初頭の世界経済にも似た現状を踏まえれば、経済の変化に歩調を合わせ、世界の政治も変化しつつあるのは当然と言えば当然だろう。二十世紀初頭という時代は、終わりのない困窮と苛酷な労働条件、中小企業の破綻、経済的苦難の時代として歴史に刻み込まれてきた。この時代、大衆のあいだには怒りがまん延し、何か新しいもの、現状とは異なるもの、もっと公平なものを求める気運が世界中で高まった。国民の多くが経済的苦境に打ちのめされ、ロシアや中国では革命が起こり、イタリア、スペイン、ドイツ、日本ではファシストや超国家主義者が政権を奪い取った。

現在の経済的苦境をきっかけに、怒りの声やポピュリズム、ナショナリズムの呼びかけにこたえる声が世界中でこだましている。人々はこの苦境を招いた原因を移民やユダヤ人、イスラム教徒、中国人のせいだと非難し、外国人を拒絶して、人種差別とナショナリズムに根差した新時代の政治を打ち立てようとしている。私たちが目にしているのは怒りと暴力に満ちた政治への回帰であり、その怒りと暴力はどれだけ働いても親の世代より豊かになれないにがにがしさと、確実に社会の落伍者になってしまう懸念でさらにかき立てられている。もしかしたら私たちは、民主主義の終焉《しゅうえん》を契機に始まった劇的な経済崩壊のさなかにたたずんでいるのかもしれない。

市場の集中と企業の合併

慎重に配慮された労働条件と、労働者の怒りをかき立てない新たな働き方も二十世紀初頭の歴史から得たもうひとつの教訓だった。失業者や高齢者に手を差し伸べ、労働者や労働組合を保護することで、剝き出しの資本主義に備わる荒々しさと不公平を是正する制度のことだ。しかし、この教訓も忘れられてしまった。

この教訓の正しさはいまさら問うまでもなく、きちんと理解もされている。だが、どうしてもわからないのは、巨大企業の合併をはばみ、その分割を目的に設計された法律を使い、経済の仕組みをコントロールする重要性がないがしろにされている点だ。もちろん、反独占という政策で、所得格差をはじめとする経済問題がことごとく解決されるわけではないし、そう断言するのは過言でしかない。しかし、独占禁止法は、私企業が持つ政治的影響力の源を標的にしている。市場を独占することで、企業は政府機関に働きかけられる力を得ているからだ。

独占禁止法にふたたび息を吹き込めと説いても、格差問題に対処するほかの方針と対立はしない。だが、富の再分配を求めるこの法律は、市場の集中が進んだ産業界では、政治的な影響力を高めた企業によって何度もはばまれてきた。こうした企業には民主主義に基づく政治さえ左右する力がある。あらゆる経済政策は、このような経済構造の基本的な影響のもとに置かれている。

もっとも、独占禁止法を復活させるのは口で言うほど簡単ではない。世界屈指の規模と力を持つ企業は、自社に対する批判さえ黙らせる政治的影響力をほしいままにしている。さらに言うなら、こうした企業の大半は、母国や域内において「その国を代表する企業《ナショナル・チャンピオン》」として認められており、多くの国の政府がチャンピオン企業として世界市場を制覇できるよう助成している。自国のチャンピオン企業と見なし、国中で一目置かれている企業に当の政府が規制をかけるのは決して容易ではないだろう。自国が誇りとする企業から、一方的に武器を取り上げる政策と見なされるのをどこの国の政府も嫌っている。こうして、巨大企業を恐れつつも、国の誇りでもあるという大いなるジレンマにおちいっていくのだ。

市場の集中と国際的な合併にともなう危険はつかみどころがなく、どこか遠い国の問題と思える場合がある。そこでこの危険がどのようなものか実感してもらうため、ブラジルで起きたある事件について紹介することにしよう。その事件とは、家業として食肉加工を営んできた会社が世界的な企業に成長していく物語であるとともに、二十一世紀の世界的な独占をめぐる物語でもある。

ソブリンホ兄弟の野望

一九五三年、ホセ・バティスタ・ソブリンホというブラジルの牧畜家が食肉加工業を始めた。ホセの加工は素朴な手順に基づき、牛の食肉処理から食肉加工まですべて自分でやっていた。一日に四頭という慎《つつ》ましい規模だったが、うまみのある商売だと気づいた。時間をかけながらホセは着実に会社の規模を広げていった。

創業から半世紀を経た二〇〇〇年、ホセ・バティスタ・ソブリンホ（Jose Batista Sobrinho）の頭文字にちなんで「ＪＢＳ」と名づけられた会社は、ブラジルでは誰にも知られるほどの企業に成長していた。食肉加工業ではこの国最大の企業だったが株式は公開せず、一族企業として地道に経営されていた。創業一族もまたブラジルの企業であること、旧来からの会社経営を重んじている点をよく口にしていた。ホセの息子ウェスリー・バティスタが二〇一一年に語っていたように、会社は「素朴な方法」で営まれ、「複雑な組織や人目をひくような派手さとは無縁で、パワーポイントを使い、プレゼンテーションに時間を費やすようなことはめったになかった」[9]。

二〇〇〇年代前半、ＪＢＳの実質的な経営は父親からウェスリーとジョースリーの二人の息子に引き継がれた。二人とも三十代という精力的な年齢で、父親とは違って野心にあふれ、はるかに壮大なビジョンを抱いた若い世代の経営者だった。グローバリゼーションが間もなく絶頂に達しようとしていた時代であり、しかもこのころ、ブラジルは南アメリカでもっとも有望な経済国として台頭していた。兄弟は、旧弊にとらわれた家業に変革をもたらし、ＪＢＳをはるかに巨大な企業に変え、食肉加工業界に圧倒的な世界帝国を築く道を模索しはじめた。

兄弟の野心はそれだけにとどまらなかった。絶好の機会が到来している事実に二人は気づいていたのだ。バティスタ家はすでにブラジルでは有数の富豪として栄えていたが、この機会に乗じれば一族は世界ランクの超富豪、気が遠のくほどの大金持ちになり、トランプ一族やコーク一族*、ベーリンガー一族**に匹敵するブラジルの大富豪になれる。そればかりか、アメリカやヨーロッパ、アジアの超富豪一族と肩を並べるビリオネアになれるかもしれない。

この物語は、兄弟がその野望をどうやって実現し、その結果何が起きたのかを記した物語である。そしてそれは、私たちの時代の経済をめぐる物語でもあるのだ。

◆◆◆

兄弟が会社を継いだ直後の二〇〇五年、二人はギド・マンテガというブラジル開発銀行の総裁に出会う。開発銀行は政府系金融機関で、補助金交付率に準じて融資できる権限を持っていた。もともと、大企業に対抗して事業を進める中小企業を援助するために設立された銀行で、信用供与を通じて国内事業への投資を図ることをねらいとしていた。だが、この銀行の総裁はこうした手法はすでに時代遅れだと考えていた。マンテガは経済学者で政治家でもあり、グローバリゼーションの熱烈な賛同者でもあった。

マンテガは、兄弟とともにＪＢＳの改革案について話し合った。その結果、これまでのような経営

＊コーク一族：石油、化学、日用品の総合企業コーク・インダストリーズの創業一族。同社はアメリカで二番目に巨大な非公開同族企業。一族はアメリカ屈指の大富豪で、リバタリアンとして大統領選に積極的に関与し、アメリカの真の支配者ともいわれる。

＊＊ベーリンガー一族：ドイツに本拠を置くベーリンガーインゲルハイムを所有する一族。同社は世界トップ20製薬企業の一社で、株式を公開しない製薬会社としては世界最大。

手法でビジネスを拡大していくのではなく、はるかに早く目的を達成させる経営方針、つまり世界各国の大手食肉加工会社をできる限り多く買収してJBSを拡大していく方針が決まる。

だが、企業買収には多額の資金が必要で、その資金はどこから調達すればいいのか。そこで関係してくるのがギド・マンテガであり、ブラジル開発銀行だった。二〇〇〇年代前半、ブラジル政府はグローバリズムとグローバルマーケットに強い関心を寄せ、いわゆるグローバルプレイヤーという新世代の企業を生み出すことに躍起になっていた。ブラジル大統領のルイス・イナシオ・ルーラ・ダ・シルヴァと彼の所属政党である労働党は「グローバリゼーション」の旗印を掲げ、政府資金を投入して国外に投資する企業の設立を考えていた。つまり、マンテガの開発銀行から低金利の融資を受け、国外の競合企業を買収しようとしていたのだ。

マンテガと兄弟が新戦略をはじめて試したのは隣国アルゼンチンの食肉加工会社だった。この国の最大手企業スイフト・アムール社は、当時、出口の見えない金融危機の影響ですっかり体力を失い、安値で買収できる格好の餌食になり果てていた。マンテガは積極的に買収事業に取り組み、割引金利で買収資金二億ドルを融資することを承認する。さらにマンテガは兄弟に対して、米ドル建てで三二〇万ドルを国外の銀行口座に送金するよう要請した。この金は世間で言う「個人的な感謝の表明」と呼ばれるもので、長兄も「取引をまとめるために必要だった金」と語っている。[10]

はじめての買収劇は、関係者全員の願いをかなえてくれた。それから一〇年、兄弟は足繁く開発銀行を訪れては融資を引き出し、政府が支援するもとで世界的な買い物三昧に興じる。巨額の現金を賄賂として渡せば、思い通りに融資が受けられた。表向きには莫大な資金を使いながら、その資金はリスクとは無縁の政府融資で、のちに上場してからは株主から資金を調達してもバティスタ兄弟は買収企業にねらいを定め続けた。二〇〇〇年代後半には、リーマンショックに端を発した大不況で弱っていたアメリカの食肉会社三社――スウィフト、スミスフィールド・フーズの牛肉部門、ピルグリムズ――を立て続けに買収している。

さらにJBSは国内の主要ライバル企業とオーストラリアの複数の食肉加工会社を買収する。これによって同社は、まがりなりにも世界最大の牛肉加工メーカーになることができた。このころになると、同社は一日当たり九万頭の肉牛を処理して、世界一五〇カ国以上の国に牛肉を輸出するまでになっていた。[11] 低金利の政府融資と合併という魔法を使い、バティスタ兄弟は、父親が五〇年の勤勉の末に達成した業績をはるかにまさる成長を、わずか六年で達成していた。

株式公開の時期を迎えたとき、兄弟は自分たちのことは言うまでもなく、近親者の利益も忘れなかった。二〇〇九年、一族はJBSの株式を公開して支配株主になった。新規公開は成功し、一族は今世紀においてさらに資産を増やしていくビリオネアの仲間入りを果たした。公開から五年後の二〇一四年、一族の純資産は総額四三億ドルに達し、マリーニョ一族（二八九億ドル）、サフラス一族（二〇〇億ドル）とともに、ブラジルの大富豪として名前を連ねる。皮肉な話だが、こうした一族が幅をきかせていた当時、ブラジルは経済格差と戦う模範国だと多くの国から一目置かれていた。

世界最大の牛肉加工会社になれたばかりか、おまけに富豪の仲間入りができたことに満足し、それ以上の野心を抱かなければ、間もなく降りかかる問題のいくつかは避けられたのかもしれない。しかし、事業拡大の野心にとりつかれ、会社が巨大化する危うさと、大事にいたる前の引き際を本当にわかっていた幹部はわずかしかいなかった。

もっとも、公平を期して言っておくなら、この時期、そこで踏みとどまるのは兄弟にとって非常に難しい判断だったはずだ。ブラジル政府はもちろん、民間の金融機関もＪＢＳの拡大路線を歓迎し、後押しをしていたからである。二〇一〇年代を通じて、ＪＢＳはメキシコ、オーストラリアをはじめとする、世界各国の鶏肉処理会社や豚肉処理会社の買収を進め、合計四〇社を超える企業を獲得している。その結果、ＪＢＳは世界最大の食肉加工会社になっただけでなく、（スイスのネスレに次ぐ）世界第二位の食品会社にまで成長していた。[12]

食肉カルテルの波紋

このころになるとＪＢＳの派手な買い物は、世界中で連鎖反応を引き起こすようになっていた。彼らの買収に刺激された同業他社が同じように買収活動を始め、最近では「タンパク質市場」と呼ばれている市場の分割を熱望した。中国の万洲国際（ＷＨ）グループもＪＢＳと買収を競い合ってきた一社だ。中国政府の助成金を受けている企業で、アメリカの豚肉加工会社スミスフィールド・フーズを四七億ドルで買収したことでも知られている。買収ということでは、アメリカのタイソン・フーズを忘れてはならないだろう。タイソン・フーズは垂直統合の「工場式農場《ファクトリーファーム》」による鶏肉の生産モデルを編み出した会社で、同社もまた派手な企業買収を独自に進めていた。

反独占の伝統にしたがえば、市場に独占をもたらし、競争原理が大きくむしばまれる合併に対して、政府はそれを阻止するものだと考えられている。しかし、世界の食肉加工業界の再編では、どういうわけか一連の買収や合併は政府に捕捉されなかった。それまでの二〇年間、アメリカの一件の事案を除けば、ＪＢＳや世界の合併企業が手がけた買収案件が却下されたり、あるいは買収の勢いが鈍化したりすることはなかった。それどころか政府は、少なくともお気に入りのチャンピオン企業に限っての話ではあるが、市場の集中や合併の後押しさえしていた。そうした政府のなかでも、ブラジル政府はことのほか寛容な政府だった。とはいえ、ＪＢＳが法外な買い物で使った資金の二〇〇億ドル分は、ブラジルの納税者が最終的に肩代わりをすることになった。

二〇一〇年代半ばになると、鶏肉や豚肉、牛肉の国際市場はすでに変貌を遂げていた。かつてはもっぱら地場産業として営まれていた食肉加工が、いまやごく限られた少数の企業に牛耳られていたのだ。その影響のせいで戦利品――こんな言い方になじめないなら、食肉処理された肉――の山分けの方法さえ変わった。新しい秩序のもと、限られた加工会社――中間業者が合併して誕生した企業グループ――は、供給会社や小売会社を締め出すことで利益の増大を図るようになっていた。結局、中小の牧場経営者や規模におとる小売業者、関係する労働者が割を食わされ、処分された動物も浮かばれなかった。

食肉加工業界の企業集中が高まったことで、当然のように労働者の賃金水準が停滞し、牧場経営者と農家の排除が世界中で広がった。肉の需要は上昇を続けているにもかかわらず、実際の生産者や家畜の肥育者の利益の取り分は減少を続けた。だが、ＪＢＳはそうした事態にとくに関心を示そうとはしなかった。それどころか、二〇一七年の捜査の結果、ＪＢＳは不正行為を行っていた国内の供給会社から肉を仕入れていた事実が判明する。供給会社の業務を調べたところ、一日二〇時間の労働を強制していた会社や、腐敗した肉と承知のうえで従業員に食べさせていた会社もあった。[13]

　市場の集中を契機に家畜の肥育の工場化が進んだ。「工場化」の技術は、そもそも養鶏の生産性を最大化させる方法として開発されたもので、その後、牛や豚の生産にも導入された。こうした生産方法は養豚や畜牛の「養鶏化《チキニフィケーション》」と呼ばれることもある。工場化の結果、施設そのものは巨大化していったが、家畜一頭当たりの占有スペースは逆に狭くなった。また、成長をうながすため、これまで以上の薬品が家畜に投与され、彼らがこの世に生を得ていられる時間はますます短くなっていった。それを可能にしたのが肥育ホルモンで、ホルモン投与で成長スピードが早まり、出荷にふさわしい肉重量が短い月齢で確実に達成できるようになったのだ。

　こうした一連の方法でタンパク質1グラム当たりの生産価格は減少できたが、その代償を払っていたのはもちろん、当の牛や豚であるのは言うまでもない。

　巨大食肉加工会社は、従業員や家畜などの弱き者には好ましい存在ではないにしても、少なくとも消費者に対しては独占にともなう恩恵をもたらすのではないのか。残念ながら、事はそのようには進んでこなかった。たしかに、業界の合理化で食肉価格は一九九〇年代から二〇〇〇年代はじめにかけて安価になった。しかしその後、価格は低減《ていげん》せずに横ばい状態が続く。それどころか、この間も合併が進んでいたにもかかわらず、豚肉と牛肉の価格はむしろ上昇に転じていった。

　肉の需要が高まったのも価格が上昇した理由のひとつだったとはいえ、最大の理由は大企業のバーゲニング・パワー（交渉力）であるのは明らかだった。どの国の食肉市場も、三〜四社の巨大加工会社に支配されていれば、高い価格設定は売り手の思うままになる。さらにこうした企業は、生産する家畜の肥育法を談合して決め、仕入れ価格や小売業者への卸売価格についても話し合って設定できる。

腐った肉と腐敗した政府

これだけでも由々しい問題だが、その影響は経済の領域だけにとどまることはない。あまりにも巨大化した企業の影響は、富の再分配の問題に限られるのはむしろまれで、やがて政治問題に波及するという抜きがたい傾向があるのだ。とくに政府の腐敗を招いてしまいがちで、その結果、政治に対する国民の反動を高めてしまうかもしれない。ブラジルにとって不幸だったのは、グローバリゼーションに対するやみくもな展開は、やがてこの国の基盤をゆるがす問題を引き起こすことになった。

二〇一六年、ブラジルの連邦警察はＪＢＳ本社の強制捜査を実施した[14]。以前から同社に向けられてきた疑いが、この強制捜査によって裏づけられた。その疑いとはＪＢＳなどの食肉大手が、公衆衛生検査官に賄賂を定期的に送り、食品衛生法による摘発を免れながら増収を図ってきた事実だった。警察の話では、これらの企業は賄賂を使って、消費期限を改竄《かいざん》していた事実をもみ消し、腐敗している肉や雑菌に汚染されている可能性がある牛肉を輸出していた。その際、臭《にお》いや傷んだ外観をとりつくろうために添加物が使われていた。記者会見の模様は全国的に報じられ、席上、ある捜査当局者は、腐った肉は発ガン性が認められる酸性の添加剤で偽装され、事もあろうにそんな肉をブラジルの児童生徒に食べさせていたと言って激しく糾弾していた。

業界に汚点を残した大スキャンダルから間もなく、バティスタ兄弟は検事によって別件で逮捕された。兄弟が検察に提出した録音テープに、当時のブラジル大統領ミシェル・テメルとの金銭の支払いをめぐる会話が偶然残っていたのだ。起訴の過程を通じて、贈賄の事実が明るみに出され、結局、兄弟は一八〇〇名を超える政治家と当局の関係者とのあいだで金銭の授受があった事実を認めた。さらにこのときの捜査で、JBSは何年にもわたり、熱帯雨林保護法に対して意図的な違反を行っていた事実も明らかにされた。贈賄と不当な〝寄付行為〟の罰金として、兄弟は総額一億五〇〇〇万ドルの支払いに応じるしかなかった。[15]この買収騒ぎの結果、そもそも融資した張本人ギド・マンテガも収賄で逮捕されたが、起訴されることはなかった。

腐った牛肉と腐敗した政府というスキャンダルは、JBSとブラジルという国の両者にとって高いものについた。二〇一七年、世界中の国々がブラジル産食肉の輸入を禁じたことで、この国の食肉加工産業は壊滅に等しい状況に直面してしまう。さらにこの崩壊は、二〇一〇年代になってブラジルの「ナショナル・チャンピオン企業」――ブラジル石油公社《ペトロブラス》、総合資源開発企業のヴァーレ、世界三位の旅客機メーカーであるエンブラエルなど――を直撃していた深刻な問題やスキャンダルと軌を一にするものだった。いずれも世界規模のチャンピオン企業であり、将来のグローバル経済でブラジルが成長を遂げていくことを見越し、それまで巨額の助成金が投じられてきた。しかし、過剰な拡大路線と怪しげな投資というといつもながらの例にもれず、汚職スキャンダルと重大な経営問題の二重苦に直面していた。

忘れられた教訓

いまになって考えてみれば、ブラジル政府の方針は極端にかたよっていたことがわかる。限られた巨大企業が進んで海外から送金し、惜しむことなく政府の活動に協力してくれるかぎり、ブラジル政府はこうした企業を重んじてきた。ブラジル開発銀行の主な融資先は、当初に意図していたような中小企業ではなく、この国でもっとも資金に恵まれた巨大企業だった実態を指摘する調査もある。[16] そして、こうした巨大企業が衰退したり、あるいは破綻したりした場合、一国の経済全体が道連れにされてきた。

二〇一四年、ブラジルは過去数十年で最悪の景気後退に見舞われる。経済規模は10パーセント縮小する一方で、失業率は76パーセント上昇して一二〇〇万人の失業者が新たに生み出された。労働者は怒りに駆られ、犯罪発生率は憂慮するレベルにまで跳ね上がった。[17] 二〇〇〇年代の時点では、グローバリゼーションへの政府の関与と企業の合併は理想的に思えた。抑制のきいた方法で行われていれば、成功していたのかもしれない。だが、JBSのような企業が実際に手がけていたのは、自国と海外の双方の市場で自由競争の原理を破壊することであり、そのために公的資金をそそぎ込み、そうやってアメリカやオーストラリアの牧場主から利益を絞り取っていた。このような戦略でもつかの間の成長は遂げられるとはいえ、結局、経済そのものは大番狂わせの壊滅的な崩壊を迎えてしまう。

ブラジルが取り組んでいた政策のひとつに所得格差の改善があり、世界の注目を集めていたが、その内実は評判とはほど遠いものだった。ブラジルが好景気に沸いた二〇〇〇年代、底辺労働者も所得配分が改善され、最低賃金の見直しで生活レベルは向上した。しかし、バティスタ一族のような大富豪がさらに豊かになっていくことで、所得格差はますますひどくなっていた。経済が破綻したとき、その影響は貧困層を直撃し、それに先立つ一〇年間の改善の成果の大半がふいになったばかりか、さらに六三〇万人の人々が最貧困層に加わり、その数は全人口の11パーセントにまで膨れ上がった。失業率は12パーセントで高止まりしたまま、改善される気配はうかがえなかった。

　このようにしてブラジルは、グローバリゼーションの時代における大企業の呪いがどんなものなのか、それを示す典型的な国になってしまった。景気後退に続いて何が起きたのか、その点を考えるとさらにはっきりと見えてくるだろう。

　経済的な困窮をきっかけに、間もなくブラジルの政治は変貌を遂げていく。二〇年におよぶ支配層と富裕層による富の集中のせいで、ブラジルではナショナリズムという反動が生み出されていた。ナショナリズムの猛々《たけだけ》しい力は、あらゆる民主主義国にとって脅威でしかない。一九六四年から一九八四年の二〇年間、ブラジルは軍事独裁政権のもとに置かれてきた。二〇一八年、経済はいまだ低迷にあえいでいたが、元軍人というキャリアを持つ政治家が旧来の方針にしたがい、ブラジルの栄光を取り戻す救世主として大統領選に出馬した。

　その政治家ジャイール・ボルソナーロがスローガンとして掲げたのが、「ブラジルよ、すべてのものの上にあれ。神よ、すべてのものの上にあれ」であり、旧ドイツの国歌「世界に冠たるドイツ《ドイッチュラント・ユーバー・アレス》」の影響がいささかうかがえる政策だった[18]。また、ブラジルの軍事力の再興と経済の安定を唱え、共産主義者や同性愛者をスケープゴートに祭り上げ、さまざまな社会の敵と戦うと公約し、「既成政治の打破」を訴えた。そして、言うまでもなくボルソナーロは大統領選で圧勝した。

ＪＢＳとブラジル政府の物語から明らかにうかがえるのは、私たちは二十世紀の歴史から重大な教訓を何も学んでこなかった事実だ。市場の集中で国を発展させれば、格差はますます激しさを増していき、経済は破綻して、極右政権が生み出されるのは容易に想像できた。さらに言うなら、この物語が示しているのは、なによりもまず、私たちが一九三〇年代の歴史を通じて学んだ苦い教訓をふたたび学ぶ必要がある点だ。ファシズムが台頭した一九三〇年代、世界はその後、第二次世界大戦へと突き進んでいった。

第2章　忘れ去られた第二次世界大戦の教訓

巨大カルテルという呪い

第二次世界大戦の結果、数千万人という人間の命が奪われ、世界中の主だった都市は廃墟と化した。終戦から数年、世界の主要国はある差し迫った問いに直面しつづけていた。それはファシズムを二度と台頭させないためにはどうすればいいのかという問いであり、ごく限られた国の特定の組織によって、世界が壊滅的な大戦争にふたたび投げ込まれるのを阻止するにはどうすればいいのかという問題だった。

いくつかの解答が考案された。一九四五年に設立された国際連合もそうした答えのひとつで、国連憲章には、国際的な侵略行為を禁じるという文言とともに、「われらの一生のうちに二度まで言語に絶する悲哀を人類に与えた戦争の惨害から将来の世代を救い」出さなくてはならないという国連の目的が規定されている。

ドイツと日本に対しては、再軍備を阻止する特別な制限が課された。さらに、一九四四年に発足したブレトン・ウッズ体制は、世界的な経済不安や軍事衝突に先立って発生する貿易戦争を防ぐことを目的に確立された。この体制を維持するために国際通貨基金（IMF）と国際復興開発銀行（IBRD：世界銀行）が設立され、現在の世界貿易機関（WTO）の前身である関税及び貿易に関する一般協定（GATT《ガット》）が締結された。

だが、ジグソーパズルにも似たこの問題をめぐり、現在の私たちは肝心なピースを見失っている。ファシズムを生み出す経済的起源は何かという考察だ。戦後、ドイツと日本の経済構造がどうやって解体されたのか、その取り組みについて記憶している人はいまではほとんどいないが、この解体事業は、経済体制を触媒にして独裁政権が生み出されるという懸念に基づいて行われた。当時、アメリカ司法省のウォルター・ベネットが説いたように、「台頭してくる独裁者にとって、政権を掌握するうえでもっとも有効な武器とは、経済力を集中させることを置いてほかにはない」[1]。

それだけに、終戦直後にドイツと日本で行われた独占資本の解体は必要不可欠な事業であると考えられていた。戦時中、アメリカのある上院議員が提出した報告書には、「ドイツ経済の産業構造と支配体制を作り変え（略）、ドイツの帝国主義を永遠に粉砕することで、平和を重んじ、民主的な国家が出現する基盤を整えなくてはならない[2]」と書かれていた。実際、連合軍がヒトラーの第三帝国《ライヒ》の崩壊後に取り組んだ事業は、ナチス政権とドイツ軍の解体にとどまらず、ドイツの主要独占企業の解体にもおよんでいた。連合軍がそこまで徹底した戦後処理を進めた目的は、このときの条文にしたがって記すなら、独占企業が「ドイツ政府によって、政治的および経済的侵略の手段として用いられ[3]」ないようにするためだった。同様に、日本においては、この国の経済を事実上支配していた「財閥」と呼ばれる大規模複合企業体の支配力が取り除かれた。

しかし、公平を期すなら、第一次世界大戦と第二次世界大戦の両次大戦の戦間期、企業の過剰な独占を容認するようになったのは日本とドイツだけではなかった。一九二〇年代後半から三〇年代のこの時代、企業の規模と支配力をあがめる激しさの点で、ムッソリーニとスターリンに肩を並べる者はおらず、二人は中央集権経済を説く代表的な使徒の役割を果たしていた。このころ、独占企業と企業連合《カルテル》の存在を受け入れ始めていたのはドイツだけでなく、その点ではイギリスやフランス、カナダも変わりはなかった。

イギリスは反独占の発祥国だが、そのイギリスでは九三もの〝準独占〟の企業連合が存在すると「カルテルに関する一九一九年最終報告」には書かれている[4]。世界でもっとも攻撃的な独占禁止法を制定した国であるアメリカでさえ、一九二〇年代から三〇年代前半にかけてこの法律の執行を断念していた。大恐慌からの経済回復が不首尾に終わったせいであり、そのかわり中央集権的な計画経済が進められ、独占禁止法の執行は全面的に見送られていた。

実際、一九三〇年代前半の時点で、世界中のあらゆる国が〝大企業の呪い〟に苦しんでいた。自国のチャンピオン企業を選び抜き、市場の独占を後押ししてきたことで、経済の破綻と戦争への道がすでに整えられていた。同時に、異様なほど巨大な国際カルテルの存在を世界は容認した。国際的なカルテルとは、世界を横断する企業間の合意の網の目であり、たいていの場合、国が後押しする独占企業の領地には踏み込んではならないという合意を意味していた。現代の多国籍企業の方針にも同様の考えがうかがえる。彼らは国際的な競合を遵守していると言いながら、その一方で消費者や労働者に向けられる利益の大半を毀損している。

この第2章では、戦間期のドイツと日本に出現したもっとも極端な独占の形態について詳しく見ていく。ドイツと日本では、独占が強化していくにつれて、両国の政府は拡大主義を掲げる独裁政権へと変貌を遂げていった。

カルテルとナチスの経済政策

一九四四年、民主党の上院議員ハーレー・キルゴアは、ドイツのカルテルとナチスの経済政策について次のように要約した。ドイツは「鉄鋼、ゴム、石炭などの一連の分野で巨大な独占産業を成立させた。独占企業はやがてドイツを支配してヒトラーに権力を授け、事実上、全世界を戦争へと追いやっていった[5]」。

もちろん、この発言には敵国に対する誇張が認められる。だが、振り返って考えてみると、ヒトラーが権力を掌握し、戦争遂行の計画経済へとドイツを変容させていくうえで、ワイマール共和国とその後のナチス・ドイツの経済イデオロギーと経済構造が担っていた役割を安易に否定することはできない。そして、ドイツのこの物語こそ、私たちが現在直面しているリスクについて考えるとき、理解しておかなければならない問題なのだ。

ドイツの物語は十九世紀に始まる。世界のほかの産業国のように、ドイツの企業もこのころから規模と領域を拡大してカルテルを形成する。当時のカルテルはどのようなものだったのだろう。たとえば、ドイツの鉄鋼部門で結成された「製鋼連合」は業界を横断して組織され、製品の価格や品質をはじめ関連問題の調整を行っていた。このような機能がさらに強化されていくと、産業界全体をくまなく管理し、協定に違反する行為を取り締まる、いわゆる親会社のような存在にカルテルはなっていく。企業結合の強度にもよるが、ドイツのカルテルの場合、業界を文字通りの独占状態に変えるものではなかったが、多くの点で独占の特徴を備えた企業の結合体だった。

イギリスやアメリカとは対照的に、ドイツの知識人とドイツ政府はほぼ例外なくカルテルを受け入れ、称賛さえしていた。グスタフ・フォン・シュモラー*は、二十世紀初頭のドイツの歴史経済学者で多大な影響力を持っていた。そのシュモラーもまた、カルテルは「社会生活の新秩序」だとして支持していた。カルテルはドイツの英知によって生み出され、イギリスの産業革命がもたらした弊害はカルテルによって改善された。カルテルの支持者にとって、カルテルは「国家経済の秩序において新たな発展段階に達したことを意味しており、国家経済は必然的にさらに高度に組織化された状態へと進化していく[6]」。

ドイツの知識人がカルテルを支持していた理由の一端には、当時のドイツを支配していた思想傾向が反映されていた。その思想は、強者が力を行使することを容認し、弱者を力で支配して勝利するのは必然の行為で、結果的には社会にとっても有益だと見なす考えである。いわゆる社会進化論〔社会ダーウィニズム〕と呼ばれていたこの思想は、「超人」を意味する「ユーバーメンシュ」というドイツ語にも色濃くその影響が認められる。社会進化論はこのころ、政治哲学として世界中の資本家階級に支持され、人によっては宗教にも等しい教義だった。

世紀の変わり目を迎えた一九〇〇年前後、社会進化論はたしかにある種の信仰だった。人類は現在、進化の変容のただなかにあり、その変容が目的としているのは新たな人類を作り出すことにほかならないと信じられていた。それを実現するには、弱者や取るに足らないもの、旧態依然とした仕組みを置き換え、新しいもの、科学的なもの、とりわけ巨大で力にまさるものに席を譲る必要があった。

実業の世界で社会進化論が意味していたのは、文字通りの自由放任の資本主義経済だった。強大な独占企業あるいはカルテルによって、小規模な事業や古くから続く事業の置き換えが進んだことは、近代科学による奇跡とさえ考えられていた。さらに政治の世界では、弱者を排除する強者を押しとどめる国家の介入を排することを意味していた。イギリスでは救貧法に反対する声があがった。その根拠とされたのは貧しき者が生きるも死ぬも本人しだいにすべきで、そうすることによって、「この世界から弱者を取り除き、彼らよりも優れた者たちのための場所が生み出せる」[7]からである。

社会進化論は、社会改良の観点から優生学、つまり身体や精神に障害を抱える者を排除する運動を支持した。障害者を排除すれば新時代の到来が早まると考えられていた。ロックフェラーの一人息子ジョン・D・ロックフェラー二世は、断種事業に個人的な資金を提供し、その結果、およそ一五〇〇万のアメリカ人が強制不妊手術を受けさせられた。社会進化論の提唱者であるハーバート・スペンサーでさえ、「その力はあるべき完璧な幸福をもたらす偉大な計画を生み出しはするが(略)、仕分けられた人類を計画の実現をはばむ存在だと見なし、食肉のために家畜を処理したり、無用になった役牛を処分したりするときとまったく同じ厳しさで、情け容赦なく根絶している」[8]と批難していた。

社会進化論が支持された事実からわかるように、産業化されたあらゆる国において力がものをいう

＊グスタフ・フォン・シュモラー：一八三八〜一九一七年。ドイツの経済学者。ベルリン大学教授。プロイセンの社会政策を理論的に指導。歴史学の側面から経済を分析した新歴史学派の代表と見なされている。

独占が拡大し、それぞれの国の産業界が変化に直面していた。しかし、この点については、ドイツの独占の物語とアメリカの独占の物語に見られる決定的な違いをめぐって、さらに詳しく検討しなくてはならないだろう。

カルテルは国家の誉れ

現代を生きる私たちの目には、現在のアメリカ経済は規制などどこ吹く風の資本主義の典型として映っているかもしれない。しかし十九世紀、当時のアメリカの状況は現在とはまったく異なり、主産業は農業で、巨大企業も創業から歴史は浅く、こうした企業に対しては社会もあまり信用を寄せていなかった。さらに二十世紀初頭のアメリカでは、巨大な富を築いた泥棒男爵（違法な商習慣や寡占で多大な利益を得た巨大企業は〝泥棒男爵〟と侮蔑的に呼ばれた）は知識人や大衆の非難を浴び、法的な規制に直面していた。このような規制強化はジャーナリスト（腐敗曝露記者《マックレーカー》）＊によってますますかき立てられ、法的な規制は第二十六代大統領セオドア・ルーズベルトやルイス・ブランダイスという法律家によって制度化されていった（ルイス・ブランダイスについては次の第3章で詳述）。

大企業の独占に対する反感はさらに高まり（一連の高まりは「反トラスト運動」として知られる）、スタンダード・オイルのようなもっとも強大な力を誇ったトラストの中核会社もついには解体に追い込まれていった。独占者で知られていた著名な銀行家J・P・モルガンもまた、社会的には不名誉を背負ったままこの世を去るしかなかった。もっとも、独占との戦いにおいて、反対派がいつも勝利してきたわけではないが、この国では、独占に対するイデオロギーと政治的な抵抗が常に大きな影響を社会にもたらしていた。

しかし、二十世紀への節目を迎えていたドイツでは、アメリカとはまったく異なる物語が繰り広げられていた。ドイツ経済を事実上支配している独占に対して、政治家や国民の反発はほとんど見られなかった。それどころかドイツの知識人には、ドイツの産業界の優越性だとしてむしろたたえる傾向があり、カルテルによってさらに文明化されたと自国の産業界をほめそやした。独占の危機に目を向けなかったことで、ドイツの状況はさらに危険なものになっていった。

グスタフ・フォン・シュモラーのような偉大な知識人でさえ、ドイツ流の優位をたたえ、アメリカ経済の独占は「強奪と詐欺をもたらす制度」だが、ドイツのカルテルは「公正と平等をうながす制度」だと説いていた[9]。歴史学者のヘルマン・レヴィは一九三四年の著作で、「ドイツの一般大衆のあいだでは、『独占』という経済用語の定義は理解されておらず」、「大衆のなかに『反独占』の精神や考えを持つ者はいない」[10]と記している。

レヴィの指摘からうかがえるのは、ドイツ人にとってカルテルとは、むしろ彼らの愛国心やナショナリズムを満たすものだったという点だ。実際、大半のドイツ国民にとって産業界の指導者は、戦利

＊マックレーカー：「肥《マック》やし」をかき集める「熊手《レーカー》」の意。政治家や公務員などの不正や醜聞を調べて暴露するジャーナリストのこと。

品の公正な分け前をめぐり、イギリスやフランス、アメリカを相手に壮大な戦いを繰り広げている者たちにほかならなかった。ドイツの法学者クヌート・ヴォルフガング・ネルは、一九五七年に発表した論文で、「ドイツのカルテルは、海外の競合企業を相手にして戦う、産業界の戦闘集団の機能を果たしていた」と記している。[11]

知識人や国民はカルテルをそのように考え、国家もまたカルテルに対しては同じように応じていた。一九二三年、ワイマール共和国はカルテルを明白に合法化し、管理する法案を通過させている。いくつかの例外事項はあったにせよ、業界全体におよぶ独占を生み出すことを意図した合併を認めていた(ドイツでは「産業合理化運動」として知られた)。一九二〇年代半ば、ドイツの産業界、とくに重工業は他国に比べて少数の独占企業や強固なカルテルによって組織され、市場の集中度を高めていた。こうした巨大企業には兵器製造のクルップや複合企業体のシーメンスがあげられる。製鋼連合傘下の合同製鋼株式会社《フェラインイクテン・スタールベルケ》は四大鉄鋼会社が合併して結成されたトラストで、独占企業としてドイツの炭鉱、鉄鉱山、製鉄から製鋼まで一貫して支配していた。ホロコーストで使用された毒ガス「チクロンB」の製造で知られる悪名高いIG・ファルベンも一九二五年の合併で設立したトラスト企業だった。いずれもナチス・ドイツの経済で重要な役割を果たした企業ばかりである。

一九三〇年代になると、独占とカルテルを容認してきたドイツ経済の代償と栄光はさらに鮮明になった。歴史学者は、ドイツがナチズムを採択していく過程で、この国の主だったカルテルと独占企業がどの程度の規模と範囲で共犯関係にあり、あるいは犠牲を被っていたのか、その点をめぐってこれまで論争を続けてきた。しかし、独裁政権に移行していくうえで、ドイツ特有の経済構造が関与し、いくつもの条件を生み出していた事実は誰が見てもはっきりとしている。

この問題については、次の点から考えてみることができるだろう。①当時のドイツが直面していた深刻な不況の影響、②一九三〇年代前半にヒトラーが権力を掌握していくうえで、重工業界が果たした役割、③ドイツ経済が計画経済に変わった事実、さらに、④戦争遂行においてドイツの独占企業が果たした具体的な役割――以上の四点だ。

ドイツ経済界の誤算

選挙を通じてアドルフ・ヒトラーがはじめて国民の支持を得たのは、一九三〇年の国会選挙においてだった。当時、ドイツはきわめて深刻な不況に見舞われ、経済不安と政治不信に対する国民の怒りは絶頂に達していた。ヒトラーはこの勢いに乗じて党勢を拡大する。国民の怒りを巧みに利用した政治家はヒトラーがはじめてではないし、最後でもないだろう。しかし、ヒトラーの邪悪な才能の真価とは、企業の不当な行為で生み出された国民の怒りを利用しながら、同時に実業家たちに対して、彼らがもっとも欲していたものを授けることをひそかに約束できる点にあった。

一九三〇年代前半にドイツを襲った経済恐慌は、この国特有の硬直した経済構造のせいでさらに悪化していった。「中流階級は崩壊して無産の大衆となり、そうした状況から自分を救い出して、この低迷と戦う方法を知っていると説く褐色の軍服を着た男を指導者として仰ぐようになっていった」。

つまり、ドイツでは、経済恐慌によって「大衆のあいだにファシズムを育てていく豊かな土壌」が生み出されたと言えるだろう。ドイツの重工業界に不況をもたらす意図はなかったにしても、最終的にこの国の重工業界は、ナチスが政権を強化していくうえではるかに大きい貢献を捧げるようになっていく。政権基盤が脆弱なころから、重工業界はナチスを支持していた。

しかし、ナチスと重工業界の蜜月は短日で築かれたわけではなく、それほど単純な関係でもなかった。ナチスの政治宣伝に対して、ドイツの重工業界は一九二〇年代から三〇年代前半まで一貫して批判的な態度で応じ、抵抗さえしていた。ヒトラーがそうだったように、ナチスの党員には過激な人物が多く、実業界はむしろ警戒するようになっていた。しかし、ナチスとドイツの上流階級の仲介を図り、〝友人の輪〟を介して党勢の拡大に携わっていたヘルマン・ゲーリングは、その後、実業界の指導者のなかに民主主義政権への失望を唱える者が増えてきた事実に気づいた。彼らに対してゲーリングは、ドイツ経済にとって本当に必要なものとは権力に対する強い影響力だと説き、彼らもその考えを受け入れていった。

「このころ、大半の実業家が望んでいたのは、長期にわたって政権を維持していける強い指導者が現れることだった」。一九三〇年代前半にナチスと産業界の秘密会議をとりなしたまとめ役の一人はそう語った。当時、産業界がなによりも恐れていたのは不安定な政情と頻発する労働争議で、それ以上に共産主義革命がドイツで起こる懸念に脅えていた。ドイツ系アメリカ人の歴史家ジョージ・ハルガルテンが指摘したように、「どちらかを選ばなければならないとしたら、ヒトラーのほうがまだまし」と産業界はヒトラー支持が最善の選択だと判断し、「ヒトラーが権力を得たあかつきには、政治的にも経済的にも最大限利用しようと躍起」になっていた。

ナチスにとってもっとも重要な一年になった一九三二年後半、国会議員選挙で第一党になったものの、その後、党勢は深刻な後退に直面した。経済が回復に転じたことで支持者が減って議席数も失い始め、党の財政も危機的な状況におちいっていたのだ。別の歴史の展開として、このときナチスは短命に終わった風変わりな政治集団として消滅していた可能性もあった。どんな民主主義国にでも時折現れ、民主主義に脅威をもたらす政治運動である。

しかしこの年、ドイツの重工業界が民主主義に背を向けるという決定的な判断をくだす。ナチスは産業界に対して、ドイツを社会主義と労働組合から救い出し、さらに民主主義とワイマール共和国を信じる温厚な保守派まで見捨てるという約束を交わす。この決断は、産業界の主だった者がその約束を事実上受け入れたことを意味していた。国家としてのドイツのあり方に変化をもたらし、全世界を戦争に投げ込むことになる決定が、ごく限られた人間によってくだされていた事実に愕然とする。

財政難でぐらついていた一九三二年、かつてはナチスに距離を置き、用心深かった経済界は、ナチスがもっとも資金を必要としていたこの時期に大規模な政治献金を申し出た。献金は例の〝友人の輪〟を通じて実現し、これ以降、〝友人の輪〟はナチスの主要な資金支援者になっていく。同年一一月にはヒトラーと親衛隊に対して数百万マルク規模の献金を行い、さらにナチスが負っていた負債を肩代わりした。一九三三年末にはＩＧ・ファルベンが四五〇万ライヒスマルクを献金している。ヒトラーはこれらの資金を使い、自警武装集団による国会選挙の妨害や大々的なプロパガンダ活動を行い、民主的な政治プロセスをまんまと破綻させていった。

しかし、こうした政治献金や産業界の懐柔以上にヒトラーの台頭を許した背景があった。当時の保守的な政治指導者は、その責任を免れることはできないだろう。彼らはナチスの冷酷さを見くびり、権力を与えてヒトラーを手なずけるという馬鹿げた希望を抱いていたが、それはまったくの思い違いであり、その判断は十分非難に値する。さらに、ドイツ経済の支配を産業界のごく少数の経済人に集中させたという厳然たる事実であり、ヒトラーはそれまで以上に容易に支援が得られるようになった。支援を得たことで、それはさらに大きな違いを生み出していた。

市場が集中していたドイツの経済構造のおかげで、ヒトラーは計画経済を導入してこの国を容易に戦闘国家に変えることができた。一九三三年、首相に就任して権力を完全に掌握すると、ヒトラーは「四カ年計画」を発表する。ヒトラー自身が起草した計画で、戦争に備えた産業化が説かれていた。「われわれが有する軍事開発の資源をもってすれば、その規模がどれほど巨大であろうと巨大すぎることはなく、またどれほど急を要するものであろうと迅速すぎることはない[12]」とヒトラーは記し、さらに計画経済の目的は「ドイツが自己主張できるようにするためであり、われわれの生存圏《レーベンスラウム》を拡大するため[13]」だと説いていた。

計画を遂行するうえで鍵となったのが、カルテルと独占に基づく経済統制という方針だった。ナチスはこの方針を経済体制の新たな形態、すなわち「資本主義的計画経済」と呼んでいた。私有財産権は保護されていたが、必要に応じて国家の都合が優先される権限が政府に与えられた。戦車の装甲に必要であれば、鉄鋼業界に対して政府は鋼板の製造を命じたり、市場を独占する化学メーカーに対しては、兵器に必要な合成ゴムの開発を命じたりすることができた。以上を踏まえると、当時のドイツ経済のカルテルや独占は、「自由市場が権威主義的市場経済に変容していくうえで、機敏に反応する危険な先導役」[14]だったことがうかがえる。

全体主義の出現を許したもの

最後に、第二次世界大戦でドイツの産業界がどのような役割を果たしていたのか検討しなくてはならない。そしてこの問題は、戦後、連合国側が徹底的に研究したテーマにほかならなかった。合同製鋼株式会社、クルップ、シーメンス、IG・ファルベンなどの主要企業は、ドイツという国にとって兵器そのものであり、軍備増強と戦争遂行の双方から恩恵を得ていたと断言できるだろう。アメリカ陸軍の高官の一人は、IG・ファルベンを例にあげ、この会社は「主要産業の中核企業の一社として国家に仕え、世界征服をたくらむドイツの一連の衝動は、この中核を軸に組織されていた[15]」と指摘していた。

当時、兵器製造企業としてのクルップは、クルップ家の第五代当主のアルフリート・クルップ・フォン・ボーレン・ウント・ハルバッハに率いられていた。クルップも第三帝国の再軍備と、その結果引き起こされた戦争から大きな恩恵を受けた企業だった。大口径の大砲、装甲板、大型野戦砲を製造する最大手で、さらにUボートや艦艇を建造するドイツ最大の民間企業でもあった。

ドイツの戦争犯罪を裁いたニュルンベルク裁判を通じて、クルップなどドイツの企業の経営者は、強制収容所の収容者や数万人におよぶフランス人捕虜による強制労働によって利益を得ていた事実が明らかにされた。IG・ファルベンにいたっては、アウシュヴィッツの強制収容所でゴム工場を操業し、（作業の効率化を理由に）会社独自の収容所さえ運営していたのだ。その一方で、同社が供給していたチクロンBで一〇〇万人を超える収容者の命が奪われていた。

こうした事実にもかかわらず、ナチスに支配されていたことを理由に、独占企業の行為を非難するのは誤っていると主張する声が折に触れてあがる。だが、問題を突き詰めていくと、ドイツの巨大企業は進んでヒトラーの事業に加担したのか、それともヒトラーの犠牲者なのかという問題は、実は本当の問題ではないことがわかる。

私たちが知りたいのは、もっと別のことなのだ。つまり、ナチス政権の誕生とその後の行為について、当時のドイツの経済体制が、その流れを危険なほど後押ししていたのではないのかという疑問だ。歴史を振り返ってみると、第二次世界大戦前にドイツで起きていた産業構造の極端な集中こそ、ヒトラーの権力掌握に加勢し、ドイツの征服事業を後押ししていた事実を示すまぎれもない記録が残されている。現代に生きる私たちにとって、この事実こそおろそかにできない教訓なのである。

日本と財閥

二十世紀前半の日本経済は、この国ならではの歴史を刻んできた。企業集中が高まっても、それを規制しようとしなかった点はドイツと同じで、それどころかまったく逆の方針で応じていた。共産主義国家を別にすれば、産業界と国家の結びつきは、世界のほかの工業国と比べ、日本は格段に緊密だったと言っても誤ってはいないだろう。通常、政府と民間企業のあいだには、両者を分かつ一線が引かれていると考えられているが、当時の日本ではこの線が目のくらむような複雑さで引かれていた。

大日本帝国とドイツ第三帝国では、市場の集中と企業の合併がともに認められていた。しかし、日本の例から得られる教訓は、こうした経済体制に国民が対抗手段を奪われ、しかも公的機能と私的機能が結びついた国において、いったい何が起こるのかという問題である。今日、戦前の日本経済と同じ洞察が得られる国があるとするなら、それは中国にほかならない。戦前の日本同様、中国も公的権力を抑制できる手段を持っておらず、公的機能と私的機能を分かつ境界線はあいまいだ。

戦前の日本経済に君臨していたのが財閥――有力な同族によって支配された巨大な企業集団――だった。アメリカやヨーロッパのシンジケート〔製品の共同販売に関する独占形態で、カルテルが発展したもの〕やトラスト、カルテルに類似した部分もあるが、それ以外の点ではまったく違っていた。財閥の特徴はふたつの点で際立っている。ひとつは、アメリカのトラストとは異なり、特定の産業の独占を図ろうとはしなかった点だ（この点においてアメリカのスタンダード・オイルやドイツのIG・ファルベンとは異なる）。ふたつ目は、そのかわり複合企業体として、実にさまざまな産業分野にまたがって支配していた点である。

したがって、特定の産業分野では財閥間の競合が繰り返され、時によっては熾烈な争いになる場合も珍しくなかった。対立は政治の領域にもおよび、関係を深めていく政党は財閥ごとで異なり、その違いはさらに陸軍支持と海軍支持にさえおよんだ。こうした対立はあったにせよ、日本の財閥はいくつかの点において、アメリカやヨーロッパの巨大企業をうわまわる形で企業を集中させていった。

戦後、日本を占領した連合国軍最高司令官総司令部（GHQ）は、住友、三井、三菱、安田の四大財閥を筆頭に、鮎川、浅野、古河、大倉、中島、野村などの財閥をあわせて十大財閥として指定した。戦前の日本経済の大半は十大財閥に支配されていた。また、欧米の巨大企業と異なっていたのは、財閥は銀行を経営することで、金融資本を支配していた点である。与信制度をたくみに操作し、財閥はみずからを脅かす存在になるかもしれない企業が市場に参入しようにも、容易には乗り越えられない障壁を設けていた。また、新規株式の発行で資金の調達を図る際は、同族経営に必要な議決権の過半数を常に確保することで、異様なまでの意思決定力を一族に集中させていた。韓国外国語大学校のヨン・ナムグン教授が指摘したように、「財閥企業が用いていた工業技術や業務形態は近代的ではあったが、人的な関係や企業間関係の実態は、日本の伝統的な階層的家族制度にほかならなかった[16]」。

国益と癒着した独占利益

しかし、私たちが生きる時代において、財閥問題から得られる重要な教訓とは、財閥という日本の企業が手にしていた権力は、単に経済領域にとどまらず、制約を受けることもないまま時の政権や政治にもおよんでいた点にある。なんらかの影響力を行使しようというとき、三井は立憲政友会、三菱は立憲民政党に政治献金していた。当時、政友会と民政党は二大政党として、おおむね交互に日本の国政を担当していた。財閥は戦前の日本の政治をかならずしも支配していたわけではないが、巨大な企業結合体と時の政権との関係はきわめて親密だったことをこの事実は示している。ヨン教授が指摘するように、「戦前の日本における政界と財界の関係は、公的領域と私的領域を弁別する近代西洋の枠組みにしたがって理解することはできない。当時の日本の政財界の指導者にとって、そうした領域を分かつ境界線は、理念としても、イデオロギーとしても存在していなかった[17]」。

とはいえ、財閥は万能の力を持っていたわけではない。戦前の日本の権力バランスを考えることは、政府の関連部門の権力はもちろん、帝国陸軍や帝国海軍、さらに天皇や天皇の重臣らが持っていた権力と独立性について理解することを意味する。結論から言うなら、日本の統治体制において、財閥は早い時期から要《かなめ》となる一画として組み込まれ、利害関係と独占利益に対する財閥の欲求は、日本の国益を高めていくうえでもっとも強力な原動力となっていた。

日本では、独占やカルテルを称賛する進化論的イデオロギーが手放しで唱えられることはなかった。その点はドイツと異なる。戦前の日本では、大日本帝国の国力と国威の最大化こそ財閥に課された義務であり、全国民が負うべき義務だと信じられていたと言ったほうがむしろ正確で、実際、もっとも支配的なイデオロギーだった。三大財閥のひとつ、三菱財閥の四代目総帥岩崎小弥太は次のような言葉を残している。「我々が事業を為すに当って物資的の目的以外に精神的の一大目的の有ることを閑却してはならない。(略)その生産の消長は国家の盛衰に大なる関係を及ぼし社会文化の進運に影響を与えるのである」。したがって、「『国家の為にする』ということが事業経営の最終の目的であり、この目的のために最善の努力をすることが我々の理想でなくてはならぬ[18]」。

戦前の日本について考えるとき、官民が癒着した権力に対し、それに対抗できる公的な勢力がほぼ皆無だった事実にあらためて驚く。反独占運動や組織率の高い労働組合、厚い中産階層や中小企業があげる声を力の源にする抵抗勢力のことだ。戦後、財閥調査団の団長として財閥解体の指針「エドワーズ報告書」を作成したアメリカの経済学者コーウィン・D・エドワーズによれば、財閥主導の経済によって、日本の侵略戦争の条件が整えられ、国内の「労使間の半封建主義的な関係」が生み出された。その結果、労働者の「賃金は抑え込まれ、労働組合の進展がはばまれた」ばかりか、「日本の中産階級の出現」は財閥が存在したことで何十年も「遅れてしまった」。戦争に反対する「人道主義に基づく感情」や「戦争遂行の対抗勢力」[19]を生み出すうえで不可欠な存在こそ、中産階級だとエドワーズは心から信じていた。

政府と財閥の権力を分離する声は陸軍と海軍からもあがったが、それは取るに足りないものだった。他国とは明らかに異なる経済システムだったが、日本もまたおなじみの筋書きにしたがって過激なナショナリズムへと傾斜していく。世界恐慌の影響を受け、深刻な不況のさなかにあった一九三〇年代初頭、日本でもっとも過激で危険な軍部の指導者は、財閥に対する敵意を示すようになり、国賊として財閥を非難し、軍国主義への恭順を強いて命令にしたがわせていった。しかし同時に、軍部によって財閥が進出すべき新たな市場が開かれていく。やがて財閥は大日本帝国が発展を遂げていくうえで、なくてはならない協力者になった。戦後、ドイツと同じように、日本の財閥もまた自分たちは不可抗力の力に翻弄された犠牲者だと主張する。しかし、その主張にかかわらず、日本の戦争遂行にとって不可欠な存在が財閥という独占企業集団だった。

なかには、平和的な手段で海外市場への進出を望んでいた財閥が存在していたのも事実かもしれないし、政権と対立していた陸軍と海軍が海外進出の急先鋒となったのも事実だ。しかし、占領した東アジアの大半の国々を植民地に変え、そこから多大な利益を財閥が得ていた事実はそう簡単に否定することはできない。コーウィン・エドワーズの報告書では、財閥は「今次の戦争について主要な責任を負う集団に属し（略）、日本の戦力の主要因をなしていた[20]」と書かれている。

国際カルテルがもたらす影響

ドイツと日本の例に示されている厳然たる教訓は、経済恐慌によって引き起こされた市場の集中の危うさである。しかし、教訓はそれだけではない。「たとえば」の話だが、フォルクスワーゲン、フィアット、GMやフォード、トヨタなどの世界の主要自動車メーカーが協定を結び、自動車の販売は自国のみで行い、他国では販売しないと取り決めたとしたらどうなるだろう。フォルクスワーゲンはドイツだけで販売し、フィアットはイタリア、アメリカではGMとフォード、トヨタやホンダは日本でしか自動車を売らない。

そんなことにでもなれば、世界はいまある世界とはまちがいなく別なものになってしまい、これから説明するように、さらに深刻な危機を招いてしまうことになる。しかし、一九二〇年代から三〇年代にかけ、国際カルテルによってこうした状況が実際に出現していた。個々の企業の秩序は、国際カルテルという巨大な網の目から生み出された。国際カルテルは国籍の異なる有力企業や国内カルテルの協定に基づいて成立していたが、本来ならこうした協定を規制するはずの公的機関の後押しを受けていた国際カルテルも存在した。現在、地球規模で事業を展開する多国籍企業が抜け目なく国際カルテルを結び、世界経済をきわめて危険な状態におとしいれないように、目を光らせておく必要があるだろう。

自動車メーカーでたとえたように、国際カルテルで結ばれる協定の典型は、販売地域を分割して他国への市場参入は控えるという単純なものだ。これがさらに進むと、ある種の実体を持つ国際組織になり、世界市場はくまなく分割され、生産数や価格設定に関する協定などが結ばれる。国際カルテルのもっとも進んだ形態こそ世界的な独占企業体で、現在、国境を越えて市場を独占している巨大企業の先例にほかならない。

国際カルテルにはいくつかの形態がある。たとえば、第二次世界大戦前、イギリスとドイツのあいだで結ばれた国際鉄道軌条製造社協会（IRMA）のような、「カルテルのカルテル」と呼ばれる形態がある。また、レーヨン（人絹）の国際カルテルのように、主要生産国の独占企業もしくは大手企業の協定——巨大企業間の合意に基づく——のようなカルテルも存在した。天然資源を扱う産業の場合、スズや石油などの原料価格を一定に保つ目的で国際カルテルが結ばれることが多かった。

このようなカルテルがもたらす最大の悪影響は、製品の価格や品質に対する改善の機会が制限される点にある。自動車業界を見ればわかるように、輸入車との競合を迫られることで、価格の低下や品質の向上がうながされてきた。一九三〇年前半の保護貿易主義は、世界的な経済不況をさらに悪化させたとよく非難されるが、国際カルテルも保護貿易と同様の悪影響をもたらしていた事実は知っておく必要があるだろう。実際、自国産業を保護する関税のようなものとしては機能せず、現実はと言えば、貿易に対するまぎれもない障壁となっていた。

第二次世界大戦が終結すると、国際カルテルは世界中から非難され、激しい言葉をともなった糾弾も少なくなかった。アメリカ上院は一九四四年の時点ですでに報告書をまとめ、そのなかで「カルテルが急速に伸張した一九二〇年代後半から三〇年代前半の時期は、ナチスが全体主義体制を採用する契機となる、世界的な経済不況が始まった時期と一致している」[21]と指摘していた。「ニュー・リパブリック」誌も「国際的に展開する企業」は、「国境を横断して世界中に触手を広げている貪欲なタコである」[22]と痛烈に非難した。第二次世界大戦の開戦に先立ち、ドイツは国際カルテルに働きかけて連合国の兵器製造能力の弱体化を図ろうとしていたという説もある。

貿易関係を築くことで経済は相互の依存だという意識が双方の当時国で育まれ、その意識を通じて戦争は避けられるという意見をよく耳にする。それが事実かどうかはともかく、それでもなお検証しなくてはならない重要な問題が存在する。それぞれの国の主要企業を支配している世界規模の独占の問題だ。その独占を契機にして、かつてと同じ問題が生み出され、ポピュリストとナショナリズムの怒りに火をつけ、世界の安全はふたたび以前と同じ危機に直面しているのではないのかという検証のことである。

◆◆◆

言うまでもなく、独占を許した一九二〇年代と一九三〇年代の経済体制によって、危険な政権が世界中で誕生した。しかし同時に、アメリカとヨーロッパでは巨大企業の出現をきっかけにある運動を生み出す機会が育まれていた。それは知的であると同時に多くの人たちの支持に基づき、のちに反独占という力強い伝統を生み出すきっかけとなる。

そして現在、私たちに求められているのは、その教訓をふたたび学び直すことなのである。

第3章　独占禁止運動の系譜

四〇〇年以上におよぶ戦いの歴史

本書が目ざしているのは、巨大企業の解体を求めた伝統の復活だ。現在、ありあまるほど過剰な権力を得た巨大企業は、民主主義と個人の自由を脅かしつつある。だがその前に、この伝統とはどういうもので、そもそも誰が唱えるようになったのだろうか。

経済学の点から見た二十世紀の思想の歴史は、資本民主主義とその後に登場したコミュニズム（マルクスやレーニン、毛沢東）とファシズム（ヒトラー、ムッソリーニ、スペインのフランシスコ・フランコ）との壮大な格闘の歴史として描かれる場合が少なくない。

しかし、これらのイデオロギーがせめぎ合っていたころ、もうひとつ、別の物語が繰り広げられていた。それは独占経済と中央計画経済の両者に対する戦いとでも呼ぶ物語だった。独占経済や計画経済のように一極に集中した経済を認め、それを支持する勢力と、経済権力の分散を維持することによってその一極集中をはばみ、独占の粉砕や進行を遅らせようと試みた者たちとの戦いの物語である。

この視点から見ると、これまでとは違った姿をした歴史が見えてくる。なぜなら、コミュニストもファシストも過激な資本主義者も、いずれも市場を独占することを好み、自由競争ではなく計画をなにより重んじていた事実が明らかにされる。彼らは独占の達成こそ勝利と信じて疑わず、弱肉強食こそ自然の摂理だと確信していた。ロックフェラーやＪ・Ｐ・モルガンのような資本家たちは市場競争を時代遅れだと唱えていた。レーニンが訴えた計画経済は独占産業の模倣にすぎなかった。

独占に対抗する抵抗勢力は、実は思いもしない場所から生まれ出てきた。あまりにも巨大な存在に対し、古くから抵抗を試み、その一方で個人の自由と私的権利を制限する関連性について問いただしてきた「伝統」に端を発する勢力だった。第3章では人々がたどってきたある足取りを検証する。その足取りとは、制約を解かれた資本主義と完璧な社会主義の中道を求めてきた歴史であり、成果を民主的に分配できる経済の実現を試みてきた歴史でもある。

物語はいまから四〇〇年以上前の昔に始まる。イングランド女王の専制に対する抗議、正確に言うなら、女王がトランプカードの製造・販売の独占権を侍従に授ける決定をくだしたことからこの物語は始まる。

あらゆる独占禁止法のルーツ

イングランドのエリザベス一世は奇矯な性格の持ち主として知られている。在位は一五五八年から一六〇三年の四五年におよび、その点でも人々の記憶に残っているかもしれない。だが、女王には権力者として独占にかかわり、その点では本人の意志にかかわりなく、反独占の伝統を生み出すきっかけとなった。

統治が終盤を迎えた十六世紀末、エリザベス一世は「クラウン・モノポリー」として知られていた国王大権を頻繁に行使するようになっていた。そのひとつ、独占特許状（現在の特許権のようなもの）は、もともと発明の奨励や産業の新興を図る目的で国王が臣民に授けていたものだが、女王の場合、知人や政治的な擁護者への見返りとしてこの特許状を濫発していた。当時、女王の独占権はイギリス経済の広い範囲におよび、塩という人間の生存にとって不可欠な物資の販売権さえ握っていた。だが、「女王は惜しみなく独占権を授け」、それは「国外や国内の別なく、あらゆる貿易と商業が独占業者に占められるまで続いた。摂理に反した拘束と勝手にこしらえられた窮屈さのもとで、製造業も手工業もやがて衰えていった」[1]と十九世紀のアメリカの法律家は書き残している。

当然ながら、女王の独占特許状に商人や市民は激しく怒り、彼らはその怒りを裁判所に持ち込んだ。なかでも、女王が一五九八年にエドワード・ダーシーという侍従に授けたトランプカードの輸入と販売の独占をめぐる訴訟は、判例となる重要な裁判となった。訴えられたのは有力ギルドのひとつ、「ロンドン小間物商組合」の組合員トーマス・アリンで、特許状にさからいアリンは自分で製造したトランプを販売することを決めた。こうして有名な「独占事件《ケース・オブ・モノポリーズ》」が始まり、当時、最先端の裁決をくだしていたイングランドの裁判所は、女王が授けた特許状は「慣例法《コモン・ロー》に反しており、まったく無効である」[2]という判断を示した（女王の名誉を守るため、女王はだまされて特許状を授けたと裁判所は言い添えている）。特許状のなかには、これよりもはるかに厳しい制限を課したものもあったが、市民の怒りに直面して、女王はそうした特許状のいくつかを無効にすることに同意した。

だが、こうした原則がいかに重要か説かれても、この判決だけでは女王のあとを継いだジェームズ一世を戒めることはできなかった。新しい王も独占の根拠となる特許状の濫発にふけった。一六二四年、これに対して議会は、特許法のマグナ・カルタといわれる「専売条例」を制定した。独占行為を激しい言葉で禁止した法律で、「あらゆる独占は（略）国法に完全にそむくものであり、それゆえに有効性はまったく認められず、法的な効力はなく、決して享有したり、締結したりしてはならない」[3]としている。専売条例はあらゆる独占禁止法の雛形で、それは現在でも変わらない。アメリカのシャーマン法*や欧州連合競争法**をはじめ、一〇〇カ国以上におよぶ独占禁止法のもとをたどれば、いずれも専売条例にたどりつく。

専売条例には反独占訴訟に対する政治的効果があることが明らかになっていく。だが、ジェームズ一世が亡くなり、息子のチャールズ一世が王位につくと、新王は独占を禁じる議会の法律を無視し、金策のために独占権を濫発したり、場合によっては特権商人に売り渡したりしていた。

国民は王の専横や法の悪用を激しく憎み、最後には王座から追い落とし、チャールズ一世は処刑台に送られた。前出の経済学者ヘルマン・レヴィは、「チャールズ一世の治世に起きた独占をめぐる激しい戦いは、経済に対するイギリス人の感情に消えることのない痕跡を残した」[4]と書いている。さらにイギリスの経済学者たちにも代々にわたって影響を与え、反独占という思考は、「怒りに沸き立つ

---

*シャーマン法：一八九〇年に制定されたアメリカで最初の反トラスト法。州および国際間の取引を制限するカルテルや独占行為を禁止していた。名称は立案者であるシャーマン上院議員の名前にちなんでいる。

**欧州連合競争法：ＥＵ域内でのカルテル・独占・合併や、加盟国政府による企業支援などの規制に関する法体系。執行機関は欧州委員会（ＥＣ）。

国民の口から、アダム・スミスやデヴィッド・リカードなどの古典派経済学の著作へと伝えられていった」[5]。

イギリスを起源とする独占禁止法には、ふたつの重要な教訓が認められる。ひとつは、独占に対する異議申し立ては、国民や知識人が反対の声をあげることを受け入れられる文化に負っている点である。新たに作られたイギリスの法律は、ものを言う商人階級の意志のうえに成り立っていた。彼らや経済活動を生まれながらの権利として切望し、のちに経済的自由権と呼ばれるものを守ろうとした。この意志は、のちに新大陸に渡ったイギリス人たちを〝アメリカ革命〟に向かわせていく意志と同質のものにほかならなかった。

もうひとつの教訓とは、なにはともあれ権力の分立を図る必要性である。国王が絶対的な権力を握っていたこのころ、イギリスでは十六世紀の時点で権力の分散が始まり、国王、貴族《ロード》、コモン・ロー裁判所、議会が分立していた。これによって裁判所、のちには議会が独占行為を防ぐために介入できる素地が生み出されていく。そして、本書を通じて私が訴えるように、独占に抵抗する手段がまず存在することこそ、独占をはばむ不可欠の条件となる。

反独占の歴史はイギリスで始まったかもしれないが、この理念はやがて世界のほかの国にも広がっていく。とりわけ顕著にその影響を受けたのが、当時まだ植民地だったアメリカだった。いまでは誰もが理解しているわけではないが、アメリカの独立戦争《レボリューション》にとって、チャールズ一世に対する国民の反旗は、ある意味でその伏線となるものだった。さらに言うなら、権力者による独占の濫用こそ、もっとも大きな火花となって炸裂し、国民を反乱へと駆り立てていく。

アメリカの反独占の伝統

一七七三年一二月一六日の夜、ボストンの港におよそ六〇名の男たちが集まっていた。目的は停泊中の貨物船への侵入である。いずれも斧を手に携え、必要とあれば力ずくでも乗り込むつもりだった。三隻の貨物船――「ダートマス」「エレノア」「ビーバー」――には容易に近づけそうになかった。警護のため、昼夜を問わず武装した見張りが立つようになってすでに二週間以上が過ぎ、貴重な船荷が持ち出されないよう見張っていた。だが、当時出回っていた小冊子には、「破壊のときが目前に迫っている。その破壊は、無慈悲な専制国の奸計《かんけい》を挫《くじ》かんがための雄々しき反抗である」[6]と呼びかけられていた。

一触即発の激しい論議と武力衝突の危機を招いた原因こそ、お茶の独占販売にほかならなかった。詳しく言うなら、ボストンの港に第一便で送られてきたのは宗主国イギリスの東インド会社のお茶で、一七七三年制定の「茶条例」にしたがい、同社に対して、アメリカ植民地への茶の直送と事実上の独占販売権が国王から授けられた。植民地ではお茶の専売権に反対する抗議の声があがり、やがてそれは歴史を変える大事件へと変わっていく。

一二月一六日、この日の昼、地元の商人や急進派はマサチューセッツのイギリス総督府の前に集まり、茶を積んだ船を本国イングランドの港に返すよう求めた。帰還要求はボストンがはじめてではなかった。植民地住人の襲撃を恐れたニューヨークやフィラデルフィアの総督は、彼らの要求を受け入れてすでに船を本国に戻していた。しかし、マサチューセッツの植民地総督トマス・ハッチンソンは、自分はイギリス国王に対して積荷を降ろす義務を負っていると返答し[7]、陸揚げは明日だと宣告したばかりか、必要があればイギリス海軍の軍艦を派遣させると言い放った。

ハッチンソンの宣告は、植民地の住人を実力行使に駆り立てるだけでしかなかった。この夜集まった急進派のなかにモホーク族の装束をまとっていた者がいて、何人かがその身なりをまねて変装した。その一人、ジョージ・R・T・ヒューズは、「私もただちに着がえると、小ぶりな手斧を携えた。これで私も仲間もどこから見てもモホーク族の人間だ。(略)変装して表に出てみると、やはり同じように着がえた仲間がおおぜいいて、それからみんなといっしょに目的地に向かった[8]」と打ち明けている。

先住民族の姿に扮装して、手斧で武装した暴徒はいっせいに船に乗り込んだ。打ち合わせ通りに無駄なく事を進め、船倉の鍵を要求すると、茶箱を甲板に引き揚げた。茶箱のふたを手斧でこじ開けては、茶箱ごと海に投げ捨てていった。狼藉《ろうぜき》は茶箱に限られ、船は無傷なままだったが、お茶の投棄は夜明けまで続き、結局、三四二箱の茶箱が海に捨てられた。翌日になっても、まだいくつかの茶箱が海に浮かんでいた。「港には水夫や市民を乗せた小舟が何隻も出ていた。小舟は茶箱がまだ浮かんでいる場所に向かっていくと、オールや櫂《かい》で打ちすえて水にどっぷり浸し、箱のなかの茶葉が二度と使いものにならないようにしていた[9]」

この事件からうかがえるように、アメリカの反独占運動は、歴史的に見ても世界でもっとも強烈で、実力行使におよんだときには、それを正す点においてももっとも激しい対策が講じられてきた。実際、

「ボストン茶会事件」として知られるこの事件に対し、宗主国イギリスはボストン市民に厳しい措置で臨んだ。だが、あまりにも苛酷な抑圧だったため、植民地住人の怒りは高まり、ついには武力衝突へと発展していった。今日、私たちがアメリカ革命と呼ぶ独立戦争の火ぶたはこうして切られた。

さらに言えば、宗主国の国王に強いられた独占を経験したことで、アメリカ合衆国建国の父と呼ばれる世代──「独立宣言」の起草者の一人であるトーマス・ジェファーソンや「合衆国憲法の父」とされるジェームズ・マディソンなど──に脈々と流れる反独占の精神が生み出された。独占とはある種の虐待行為で、自由にかけられた呪いであると同時に、人間が生まれながらにして持つ権利を侵害すると彼らは信じて疑わなかった。ジェファーソンにいたっては、独占を禁じた具体的な条項を憲法に明記する必要があると考え、[10]「信仰の自由、報道の自由、独占に対する商業の自由、いかなる場合も陪審による裁判を受け、人身保護令状《ヘイビアス・コーパス》なき身柄の拘束はされず、常備軍はこれを保持しない旨を規定する」[11]という権利の宣言を条文に加えることを求めた。

イギリスと同じように、もとを正せばアメリカ革命も国王が認可した独占への抵抗として始まった。イギリスの国民もアメリカの国民も、利益はそれにふさわしい者が優先的に得るものであり、国が授けた独占で利益を得る行為は不当だと考えた。しかし、十九世紀後半、アメリカは独占に対してイギリスよりもはるかに先を行くことになる。私企業による独占──つまり、金ぴかの時代の*〝トラスト〟に対抗する法案をはじめて通過させたのだ。この法案成立を契機に、アメリカでは「反トラスト」運動が始まる。

そうした伝統がこのアメリカで始まったとは信じられない人もいそうだが、その理念についてはこの伝統を象徴する人物の一人を通じてなんらかの理解が得られるだろう。その人物がルイス・ブランダイスで、法律家として、また政治活動家としても知られていた。

ブランダイス主義とは

ルイス・ブランダイスは一八五六年、ケンタッキー州西部の町ルイビルに生まれた。両親ともにプラハからの移民で、父親は自身で商売を営んでいた。[12] 大半の人にとって幼少時代はその後の人生に大きな影響を与えるというが、この言葉に偽りはなさそうだ。ただ、ブランダイスの場合、とりわけ顕著に幼少期の影響を受け、その後の彼の思想形成にも大きな影響を与えていた。「経済民主主義」とはどういうものか、生涯変わらないその意味をブランダイスは幼少時代に学んでいた。

ブランダイスが幼少時代を過ごしたルイビルは、地域の拠点として栄えていたが、世界に冠たる大都市でもなければ、巨大企業を中心に発展してきた町でもない。当時のアメリカ経済の拠点は国内各地に分散し、いまのように大都市に集中していなかった。国の経済は多数の中小企業によって成り立ち、現在のような少数の巨大企業によって支配された経済ではない。アメリカに渡ってきた彼の父親は当初農業を営み、その後、穀物商に転じた。父親にとってもルイビルは、倫理にかなった事業を手がけながら、快適で威厳ある中産階級の仲間入りを実現させてくれた町だった。郷土史家が指摘していたように、父親は、「清廉潔白な人物という評判と、賢明で高潔な実業家というこれ以上ない名声」をのちの世に残していた。

ケンタッキー州の農業には奴隷制のしがらみが残っていたが、少なくともブランダイスにとってはルイビルは〝素朴ですばらしい〟土地であると同時に、経済民主主義――経済の自由と市場競争の門戸が開かれていながら、経済の成果が人々にあまねく行きわたる――を体現した町だった。彼の伝記を書いた歴史学者のメルヴィン・ウロフスキーは、「（ブランダイスが子ども時代を過ごした）ルイビルは、民主主義社会の典型のようなコミュニティーで、そこで暮らす住民は（略）才能と忍耐しだいで自分の夢を実現できた。何千人という従業員を抱えた大きな工場はなかったが、そのかわりこの町には、農家や商店、専門職の事務所など、小規模な事業に従事する者がおおぜいいた。住民はみな顔見知りで、彼らの生活はコミュニティーとの強い一体感で結びついていた[13]」。

一四歳で高校を卒業したブランダイスはドイツに渡り、ドレスデンのアンネン実科高等学校に入学した。一八歳で帰国すると、ボストンに移ってハーバード・ロー・スクールに進む。きわめて優秀な成績を残したことでも知られるが、そのかたわらカヌーと乗馬への情熱を深めた[14]。ボストンで法律家として生きていくと決心し、弁護士としてもめざましい実績を重ね、そのまま仕事を続ければ平穏で恵まれた一生が送れるはずだった。そうした人生を選ばず、政治問題に深くかかわるようになったの

＊金ぴかの時代：「金メッキの時代」「金箔《きんぱく》の時代」とも言われ、資本主義が急速に発展し、独占が早くもきざし始めた南北戦争終戦の一八六五年から一八九三年恐慌までの期間を指す。政治と経済の癒着が進み、拝金主義に染まった成金趣味が横行して経済の格差が拡大した。名称はマーク・トウェインによる同名の共著小説の題名に由来している。

は、周囲で起こり続ける問題へのブランダイスの怒りにほかならない。

ブランダイスが四十代を迎えた一八九〇年代、アメリカの経済は〝独占の進展〟という大きな変貌を遂げつつあった。新たな企業形態としてトラストが出現し、この国の経済を支配していった。当時、トラストとしてもっとも知られていた企業がスタンダード・オイルだった。一八七〇年代にアメリカの石油精製産業を独占し、「トラスト」という合法的な企業形態を編み出した。しかし、スタンダード・オイルの独占も大きな流れのひとつにすぎず、一八九七年から一九〇四年にかけ、アメリカでは企業集中が進み、四二二七社あった製造企業は推定でわずか6パーセントの二五七社にまで減少していた。[15]

スタンダード・オイルよりさらに大規模なトラストの結成で出現したのがUSスチールである。二二〇社以上のアメリカの鉄鋼会社が合併して設立された巨大企業だった。このほかにもタバコ産業のトラスト、ゴム産業のトラスト、映画産業のトラスト、釘製造会社のトラストなどと、どの産業にもかならずひとつの独占企業が存在した。

ブランダイスは、トラストが中小企業や独立系企業をのみ込み、あるいは廃業に追い込みながらアメリカ経済で猛威を振るっている状況を自分のこととして経験していた。弁護士としての彼の顧客の大半は、自分の父親と同じ小規模な会社の経営者で、個人的にも親しい関係にあった。彼らは経済変動の格好の標的だった。最高潮に達したこの変動は、経済の優生学運動のようなものになっていた。適者生存という考えのもと、規模におとる企業や従来型の企業は、産業界で生き残るには不適当な存在と見なされていた。巨大化していくトラストとの戦いを通じて、ブランダイスは自分の使命を知り、現在に伝わる彼の理念を確立していく。

正しい国と経済のあり方

ブランダイスの理念は、銀行家J・P・モルガンが率いる鉄道帝国との戦いを通じて研《と》ぎ澄まされていった。当時、モルガンは数多くの独占事業を計画しており、そのひとつにノースイースタン鉄道と蒸気船輸送を結合したニューヘイブン鉄道があった。この事業を実現させるため、モルガンは地元のボストン・アンド・メイン鉄道を含む三三六の鉄道会社を合併させ、新たな輸送網を設立しようとしていた。[16]ブランダイスはこの事業に怒り、大企業の独占事業は社会や労働者の利益に反する行為だと声をあげた。

企業法務が専門だったので、ブランダイスは会社に課された公的な役割について批判らしい批判はほとんどしていない。だが、独自に成長を遂げ、消費者や共同経営者に愛される真っ当な経営を打ち立てた会社に対して彼が心からの称賛を捧げていたのは、父親の経営する会社が規範となっていたのだろう。[17]

しかし、モルガンとニューヘイブン鉄道との戦いを通じ、ブランダイスは独占企業という新興階級に不信感を覚え、ついには激しい嫌悪感さえ抱くようになる。独占企業はうまい話や気前のいい約束をしているが、調べてみると、投資家には嘘をつき、政治家や専門家には賄賂を贈り、反対派は買収して手なずけていた事実が判明したのだ。「虚偽や卑劣な手段は決して許されず、目的によって手段は正当化されない」とのちに本人は語った。「罪を罰するかどうかはともかく、規範を守る点は譲るわけにはいかない」[18]

ブランダイスは、ニューヘイブン鉄道とは、彼が「必要以上の巨大」と呼ぶ邪悪な存在だとしだいに考えるようになった。この鉄道カルテルはほかの会社を排除し、労働者を不当に扱い、投資家をあざむき、規模こそ巨大だが途方もないほど非効率的だ。その目的は、銀行と投機家の利益を満たすだけにすぎない。

ブランダイスは次のような言葉を残している。「巨大という邪悪は、独占という邪悪とは別のものだが、それは独占に結びつく。あまりにも巨大な企業は、独占しなければ効率が図れないかもしれない。また、かりに独占企業だとしても、規模が適正であれば効率が図れる企業が存在するのかもしれない。だが、残念なことに、いわゆるニューヘイブン鉄道は、必要以上に巨大で、しかも独占という問題も抱えている」[19]

巨大化して力を得るにつれ、企業はますます手に負えない大きな存在に変貌していき、人間が何を必要とし、何を恐れているのか、そうした問題に当の企業が無関心になっていく事実にブランダイスは不安を抱くようになった。一九一一年には、「過去二〇年の経験から、私たちは次の二点について指摘することができるだろう。第一に、企業の過剰な巨大化によって、むしろ、生産性と分配の効率性は、これ以上ないほど損なわれる場合も珍しくはない。第二に、経済が効率を極めているかどうかにかかわらず、自由でありたいと願う者にとって、あまりにも巨大化した企業は耐えがたい存在になりうるかもしれない」[20]と語っていた。

この発言からうかがえるのは、経済構造は民主主義を成立させる条件そのものであり、人間が生きていく目的にかかわっていると彼が見なしていた点だ。この点において、ブランダイスの理念は際立っていた。彼にとって工業化以前のルイビルの町が民主主義と経済のかくあるべき姿だったとすれば、民主主義国家の経済はどうあるべきかについてもブランダイスは確固たる理念を持っていた。

ブランダイスにとって人間が生きる目的は、人格の向上と自己の形成にほかならなかった。本人が語っていたように、民主主義の〝究極の目的〟は、「個人のため、公益のために一人ひとりが成長[21]」を遂げる点にある。この考えは当時よく読まれていたドイツの哲学者ヴィルヘルム・フォン・フンボルトの理念を踏まえていた。フンボルトは、「人間の目的――理性による永遠不滅の使命――とは、みずからの力を至高にしてもっとも調和がとれた姿に発展させ、完全無欠な一個の存在へと成長する[22]」ことだと説いていた。

ブランダイスのこうした考えには、国家や法律はいかにあるべきかという重い意味がともなっていた。この理念にふさわしい国は、個人が人格や自己を練り上げていく〝大釜〟の役割を果たし、「われわれが一人の人間として向上していける[23]」国でなくてはならない。大切なのは、このような個人の成長は自発的に起きないと彼が考えていた点だ。成長をうながすには、それにふさわしい状況を整えなくてはならない。ブランダイス自身、「憲法で保証された『生存権』は文字通り人間として『生きる権利』であって、単に存在する権利ではない。人間として生きていくには、個々人に備わる能力を高める機会が欠かせず、しかも、その能力が生来のまま、健全に育まれていく状況のもとで人は生きていかなければならない[24]」と説いていた。

つまり、あらゆる者に対して、十分な自由と有意義で満ち足りた生活を営める妥当な支援を授けられるのが、正しい国と経済のあり方となる。建国の父たちもそのように理解していたとブランダイスは考えていた。「彼らは、自由とは目的であり、手段だとして尊重していた。幸福を実現する鍵こそ自由で、自由を手にするには勇気が必要だと彼らは信じていた」[25]。したがって、正しい国は、個人が成長していく機会、人間らしく生きていく機会をはばむ公的もしくは私的な力から、男女の別なくあらゆる人を守らなくてはならない。もちろん、言論や結社の自由などにとって、政府の検閲や抑圧もこうした力のひとつにほかならない。

生き延びるだけでなく繁栄していける場所

経済的支配や搾取からの自由、経済的不安定からの自由も同じだ。不安定な経済のもとでは、失業や貧困に脅えながら生きていかなくてはならない。ブランダイスは、「他者の恣意的な意志のもとに置かれた経済状況では、人間は自由にはなれない」[26]と書き残している。安定した経済こそ、文字通りの意味の自由を支える基盤であり、そのためには強制的ではない、安定した仕事が不可欠で、さらに教育や余暇のための時間や場所、公園や図書館などの公的な制度の大切さが意味を増してくる。

私たちは、自由についてブランダイスのようには考えない。ひとつには、これらの自由は抽象的に語られているせいもあるが、私たちが現実に感じる自由は、公的な権力ではなく、企業や経済構造の影響下にあるからだ。全員とは言わないまでも、大半の人にとって、自由とは労働条件しだいだ。労働時間や解雇される不安、上司のパワーハラスメントや不当な扱いなど、日々の生活がどう営まれているかであり、職業によっては、身体への危険がともない、トイレの回数さえ制限されたりするなどの抜本的な問題もある。さらに、家賃はいくらか、駅や食料品店が近くにあるか、医療費の余裕などによって私たちの生活は形作られている。ブランダイスが公的な抑圧とともに、私的な権力の抑圧からの解放もまぎれもない自由だと考えていたのはそうした理由からだった。

ブランダイスの目には、巨大企業に支配された経済は、人間性をますます失っていくように映っていた。巨大企業で働くことで、アメリカの国民から個性が奪われていくのを彼は恐れた。「市場の競争原理が抑圧されるよりもはるかに深刻な事態」とは、「経済の自由ばかりか、人間性そのものが抑圧される」ことだ。労働時間を定めた法律の違憲性を訴えてきたブランダイスは、アメリカの文化に過度の労働をよしとする風潮が広まっていくことに嫌悪感を募らせていた。過剰な労働を自分で選んだのかどうかはともかく、巨大企業という新興階級はさらに強圧的になり、人間の我慢の限界を超える労働を従業員に強いるようになっていた。台頭してきた巨大企業の苛酷な労働条件と長時間労働について、このような企業は「かつて黒人に強いてきた奴隷労働のほうがはるかに好ましく思えるような、それほど非人間的な生活[27]」を生み出すおそれがあると書き残している。

ブランダイスの原理は、経済政策としてどのように具体化されていったのだろうか。政府が最優先すべき役割は、人間の自由を守り、国民が永続的な繁栄を享受できる保障政策を定めることだと彼は考えていた。つまり、言論の自由やプライバシー権*などの人権を司法制度で保護することである。その一方で、労働者の権利の保護、中小企業による開かれた経済を維持しながら、独占企業の解体やその力を制限する手段を講じることでもあった。
肯定的な立場から評価するなら、ブランダイスは日々の生活を生きる価値があるものにしていく方法の提唱者であり、善良で、真の意味での市民が暮らす社会を育むことを支持した。また、優れた公教育の必要と適切な労働時間の制定を説き、高齢者のための年金制度を整備し、余暇と教育に十分な時間を編み出そうとした。児童労働を禁じ、労働時間には上限規制を課すことを求めた。[28]
ブランダイスの構想をひと言で言うなら、市民が単に生き延びる《サーヴァイヴ》だけでなく、繁栄《スライヴ》していける場所に国を変えていこうとしていた。

ナチスに抵抗したオルド自由主義

反独占の伝統は、イギリスとアメリカというアングロ・アメリカの国で誕生した。遅れてはいたが、のちにヨーロッパ大陸でも、企業という私的権利と国家の関係をめぐり、多くの点でさらに進んだ反独占の伝統が生み出されていった。

第二次世界大戦が始まる前の数十年間、とりわけドイツでは独占とカルテルが支持され、積極的に導入されてきた。この事実についてはすでに述べた。しかし、あまりにも過剰に独占を受け入れてきた結果、ドイツでは一九三〇年代の時点で、「オルド自由主義」として知られる反独占イデオロギーが提唱される。オルド自由主義は、第二次世界大戦後のヨーロッパの経済思想に転換をもたらす。

一九三〇年代から四〇年代を生きたドイツの思想家が身をもって体験していたのは、「自由」という根本原理が、「無防備に放置されて瓦解」していく現実だった。カルテルに支配された市場が独占企業に牛耳られていく様子を彼らはその目で見ていた。民主主義が唱える自由が独裁者の前に屈していく。ヒトラーが引き起こした戦争で、独占企業が独裁国家の野望に寄与する危うさを彼らは見せつけられていた。

当時、オルド自由主義の提唱者として忌憚なくこの思想を説いていたのがフランツ・ベームとヴァルター・オイケンの二人である。いずれもフライブルク学派**に属する経済学者だった。

フランツ・ベームは一八九五年にドイツ中部のイエナで生まれ、この町で幼少期を過ごした。第一次世界大戦には士官として従軍、戦後、大学に進んだのち、国家公務員としてワイマール共和国の経済省で働いた。一九二三年、新たなカルテル法案が国会を通過すると、ベームはカルテルの担当部署に配属される。

一九二〇年代はドイツで独占が本格化していった時期に当たる。先述した製鋼連合のようなカルテルが結成され、業界全体におよぶ合併で徹底した独占経済がドイツに広がっていった。企業の権力と

＊プライバシー権：プライバシー権の法理は一八九〇年、ブランダイスと彼の元同僚サミュエル・D・ウォーレンによって世界ではじめて提唱された。

＊＊フライブルク学派：一九三〇年代にドイツのフライブルク大学を中心に作られた経済思想の学派。競争秩序の確立を重要視し、そのために政治的・経済的勢力を制限することを主張した。

その権力が社会におよぼす影響をベームは腐敗と見なしていた。独占に対するベームの関心はこの時期に生まれ、執念とも言えるその関心は生涯にわたって続いた。

一九二八年、ベームは「私企業の問題――独占問題に関する私企業の寄与」を発表した。国家の経済政策の中心課題とは、なにより私企業の経済権力をどう管理するかであることが明確に提示されていた。一九三〇年代、学問の世界に戻ったベームはここでオイケンらと出会う。

ヴァルター・オイケンは一八九一年に生まれた。当時、過激主義者やファシストに転向していくドイツの保守主義者のなかで、オイケンはそれに反発した数少ない保守主義者の一人だった。ベームとオイケンらの経済学者がのちにオルド自由主義と呼ばれる社会思想の基本原理を確立したのは、姿を現してきたナチス・ドイツの経済体制への反応にほかならなかった。

一九三六年、オルド自由主義の独創的な宣言書『われらの任務』が刊行される。執筆はベーム、オイケンのほか、三人目の共著者として法学者のハンス・グロースマン＝ドースが加わって担当した。挑戦的な主張が記された本で、ドイツの経済学者や法律家、さらに思想家は「相対主義」と「運命論」の前に膝を屈し、その結果、抑圧的な経済構造を批判もせずに受け入れたと告発していた。さらにドイツの思想家は、現実を必然のこととしてはばかることなく受け入れたばかりか、それを称賛さえしていると非難し、常識に基づいた考えや批判的な視点を放棄したと責め立てた。その結果、ドイツの知識人は既存の経済勢力の単なる操り人形になってしまったと彼らは考えていた。

「運命論と懐疑論は常に近しい関係にある」のは、いずれも「苛酷になっていく一方の事態にあらがい、理念を守るために立ち向かっても意味はない、あるいは愚かだと思わせる」からである。ドイツの知識人はかくある現状をかくあるべき現状だと思い込んでいると、三人は容赦ない非難を浴びせた。「(私たちは)歴史主義者が説いてきた運命論をまぎれもない現実と考えている。しかし、彼らにうかがえる衰弱のきざし、その知性に感じられる心もとなさを考えると、なんらかの成果を生み出す仕事に取り組もうにも、必要な力を呼び起こすことさえ、もはや彼らにはできそうにもない。その結果、彼らは傍観者の立場へとしりぞいていった[29]」

『われらの任務』のなかで三人は、「経済の憲法」の重要性について唱えた。この憲法は人間の自由と経済政策の関係を取り持つことを目的にしていたが、その方法はやはり個人の自由を説いたブランダイスの流儀とは異なるものだった。やがてオルド自由主義は、オイケンが言う「社会にとっての人間の秩序」を発展させるという、基本的な問題を重んじるようになる。この秩序を実現するうえで、とくに必要とされたのが国家だった。この国家は自由市場と自由経済を排除するのではなく、企業結合で力を高めた私企業の脅威と公権力の脅威に対する制限を維持していく。

　第二次世界大戦終結後の一九四七年、フランツ・ベームはこの問題について次のように語っている。「市場競争と独占禁止法」が「基本的でしかも決定的な争点になるのは、このふたつが(市場の)均衡に向かう運動《オーダーリングパワー》を抑え込むことと、自由な人々がこの運動の自律性を確実に謳歌できることの双方に関連しているからだ」。ベームも企業集中と戦争の関連性を前提に話していた。「市場における企業集中は、戦争にいたる可能性を常に生み出す。支配体制が国家社会主義《ナチズム》、あるいは社会主義や共産主義であろうとなかろうと大した問題ではない。何が決定的かと言えば、いずれの支配体制も異様なほど大がかりな権力装置を備えている点だ。その装置は集約的に配置され、誰もが扱えるというわけではない。個々の権力の配置はかならず限られた者たちの手続きによって行われている。その経過は監視されていなければならないが、彼らは国民の投票によって選出されてはいない」[30]

命を懸けた訴え

政府の役割を踏まえると、オルド自由主義を鮮明に理解できるだろう。自由放任経済の信者は、政府に対していっさいの干渉や統制はしないように求め、社会主義者やファシストは国家による経済活動の統制を望んだ。オルド自由主義者は、それらとは異なる、いわば「第三の道」を政府に対してはじめて求めた。彼らが望んだ政府とは、私的権利である独占企業を解体できる強さは持っていても、社会全体を支配するほど猛々しい政府ではない。経済を安定させるある種の保証は政府に求めたが、商品の需給関係は市場原理にゆだねられ、計画経済のような規制は排した。理想的な政府は腕のいい庭師のようなものだとオルド自由主義者はよくたとえていた。伸びすぎた枝木を刈り込んで形を整えるように、政府もまた独占や寡占という過剰な部分を排して、社会の繁栄と人類の幸福をもたらすために必要な状況を整えていく。

言葉づかいこそ違っていたが、思想面ではブランダイスとオルド自由主義者は多くの点で共通していた。両者とも、過度に集中しながら責任を負おうとしない権力の出現を恐れ、その権力に独占企業あるいは国家の違いはなかった。ただ、公権力の合法的な政治行為を脅かす私企業の問題に対して、ブランダイスに比べ、オルド自由主義者はさらに鋭く反応した。独占や寡占で市場の競争原理が損なわれてしまえば、価格や生産量にかならずゆがみが生じるとオルド自由主義者は考えていた。同じように独占企業によって政府が腐敗してしまう危うさについても、オルド自由主義者はきわめて重く受け止めていた。政府は常に深刻な危機にさらされ、利益を追求する強大な私企業の餌食になるかわかったものではない。そうなれば経済システムは破綻し、最終的に民主主義そのものが機能不全におちいってしまうと彼らは考えていた。

ヒトラーが権力を得ていく過程を書き進めるにつれ、どうやら彼らは自分の身におよぶ危険を感じていたようだ。ベームとオイケンが、同時代ではなく、ひと昔前の十九世紀の事例を採用しているのは、たぶん逮捕を避けるためだったのだろう。政権批判は明言されていないが、二人が提唱する開放経済は、当然ながらナチス政権の経済秩序と対立するものだった。ナチスの方針に対する明らかな反論は認められないが、一九三〇年代後半、ベームもオイケンも公職を追われた。オイケンにいたってはー時期ではあったが投獄されている。ベームは、ヒトラー暗殺を図った一九四四年七月二〇日のクーデター未遂事件に関与していた。だが、たまたま名前を取り違えられたことでからくも処刑を免れることができた。

運よく二人とも終戦を迎えて生き延び、その後、重要な役割を果たすことになる。ただ、一九五〇年代から六〇年代のヨーロッパの経済政策に対して、傑出した影響を与えたわけではない。結局、二人が提唱していた理念は、ルートヴィヒ・エアハルトという政治家によって進められていく。エアハルトは戦後のドイツで、もっとも重要な役割を担った指導者の一人であり、彼自身が筋金入りのオルド自由主義者だった。

次に見るのは、エアハルトが手腕を振るっていた時代についてである。

第4章　独占禁止法の黄金時代――一九五〇～一九六〇年代

アメリカが抱いた恐れ

力強い独占禁止法こそ、民主主義や自由な政治を機能させるうえで大きな役割を担う理念である――この考えが広く行きわたったのが第二次世界大戦後の一九五〇年代から六〇年代という時代だった。当時、独占禁止法は法的な効力にとどまらず、社会に対する影響、また政治的支援をめぐる力をあますところなく発揮していた。

このころの雰囲気は、一九六〇年代前半にアメリカ司法省の反トラスト局長だったリー・ロービンガーの議会での証言からもうかがえる。「反トラスト法が対象としている問題――すなわち、社会における権力の適正な配分という問題は、核兵器の脅威に直面している現在、それに次いで二番目に差し迫った、私たちの生存をめぐる問題である」[1]。また、ロバート・ケネディは司法長官への就任を打診された際、「反トラスト法は現世の宗教に等しいものとして、私はその理念に信頼を寄せている」[2]と答えていた。

他国に対して、アメリカは常に反独占の模範であり続けてきたわけではないが、第二次世界大戦後、企業の集中に反対する機運が高まっていた時期、アメリカはたしかにそのような役割を果たしていた。戦中から戦後にかけて反トラスト局長を務めたヴェンデル・バージは、「第二次世界大戦後の世界を構築するうえで、アメリカは世界でもっとも強大な力を有する国のひとつとなる。他国に対してアメリカは、（反独占の）よき手本を示すことができるはずだ」[3]と書き残している。一九四五年、司法省はこの発言を裏づけるように、アメリカのアルミ業界において長きにわたり独占企業として君臨してきたアルコアの解体を承認した。[4]

アルコアの解体が帯びていた象徴的な意味は長く記憶に残ることになった。なぜなら、第二次世界大戦でアメリカに勝利をもたらした戦闘機や爆撃機、軍艦や空母の製造や建造に必要なアルミ材を供給していた企業こそアルコアだったからである。結果としてアルコアは、ドイツや日本の企業を破壊する兵器を製造しただけではなく、アルミ業界を独占することで、みずからにも攻撃を加える兵器を生み出していたのだ。

アルコア解体の判決文を書いたのは、当時、著名な法学者として知られていたラーニド・ハンドである（このころハンドは第二巡回区控訴裁判所の判事を務めていた）。判決文はブランダイスの反独占の信念を反映した感動的なもので、経済政策を論じた文書としてはこれほど詩的な感興を与える文言が使われたものはなかった。ハンドは、「独占がもたらす経済的な成果のいかんにかかわらず、産業界における巨大な合併は本質的に望ましいものではない」という前提で法律について論じた。それは、「集積して巨大化した資本の前では、個々人はまったく無力である以上、資本の集積にはどうしても歯止めをかけなければならない」という考えに動機づけられていた。

ハンド自身が要約しているように、「社会や道徳におよぼす間接的な影響に鑑《かんが》みれば、生産者がおおぜいのなかの一人として、限られた者の指示にしたがわなければならない制度よりも、みずからの技術と才覚で成功する小規模な生産者から成り立つ制度のほうが好ましいと言える[5]」。

アメリカ議会でも反独占が熱く論議されていたのは、企業集中や国際カルテルによって、この国の民主主義そのものが脅かされるという恐れがまん延していたからだ。一九五〇年当時、上院議員だったエステス・キーフォーバーは反トラスト法に関する演説のなかで次のように語っていた。

「思うに、私たちがすみやかに決断すべき火急の問題とは、私たちが暮らしたいと願う国とはどのような国なのかという問題である（略）。驚かせるつもりはない。だが、企業の合併や集中の結果、一国の経済が限られた人間の手によって支配された国で何が起きてきたのか。その歴史はすでに明々白々であり、看過することはできない。われわれもついにその段階に達してしまった。この国はいま歴史的な段階に急速に向かいつつあり、そこにいたれば民衆が政権の奪取に動き始める。通常、そのやり方にはひとつ、もしくはもうひとつの別の手段があり、それぞれに応じた政治的帰結を迎える。その帰結とは、ファシスト独裁かあるいは産業の国有化のいずれかで、その後、国家は社会主義国家もしくは共産主義国家へと変貌を遂げていく[6]」

アメリカ連邦議会は、企業の過度の集中の結果、民主主義そのものが毀損《きそん》されないよう、それまでの反トラスト法を強化した「合併禁止法[*]」を制定した。政治的には、旧ドイツやソビエト連邦を念頭に置いていることが明らかにうかがえる法案だった。議会で圧倒的多数の支持を得て、一九五〇年にこの法案は通過した[7]。

この法律によって、巨大企業の合併による拡大を事前に阻止――あるいは解体措置――できるという新たな手段が政府に授けられた。合併から数十年を経過した時点で解体するのではなく、そもそも合併を事前に阻止するという考えに基づいた法律だった。司法省と規制当局の連邦取引委員会（FTC）は、巨大企業の規制に対して、これまでにない強力な権限を手に入れることができた。

日本と西ドイツの戦後経済政策

戦後のヨーロッパでも独占禁止法に対する関心が高まった。連合国は東西分裂で誕生した西ドイツ

＊合併禁止法：一九五〇年に制定されたクレイトン法修正法であるセラー・キーフォーバー法の別名。アメリカの独占禁止法である、いわゆる「反トラスト法」はいくつかの法律の総称で、主に以下の三つの法律とこれらの法律の修正法から構成されている。

①シャーマン法（一八九〇年制定）：カルテルなどの取引制限および独占化行為を禁止し、その違反に対する差止め、刑事罰等を規定している。

②クレイトン法（一九一四年制定）：シャーマン法違反の予防的規制が目的で、競争を阻害する価格差別の禁止、不当な排他的条件付取引の禁止、企業結合の規制、三倍額損害賠償制度などについて定めている。

③連邦取引委員会法（一九一四年制定）：不公正な競争方法および不公正または欺瞞的な行為または慣行を禁止しているほか、連邦取引委員会の権限，手続きなどを規定している。

以上の三つの法律のほか、ほとんどの州で独自の反トラスト州法が制定されている。（参考および引用元は公正取引委員会のホームページ）

に対し、「軍政府法第五六号」（ドイツ経済力過度集中禁止法）を課していた。この法律は、「経済力を集中させることで、ドイツがその経済力を政治的および経済的侵略の手段として利用する」[8]可能性を排除することを目的に制定されていた。一九四〇年代後半から五〇年代にかけ、ヨーロッパではドイツだけでなくほかの国でも同様の法律が制定され、イギリスも一九四八年に新しい独占禁止法案を通過させた[9]。

独占に対してもっとも大きな影響力を持つ、新たな理念はドイツからもたらされた。その理念に大きく関与したのがルートヴィヒ・エアハルト*だった。エアハルトは熱心なオルド自由主義者で、一九四九年に発足した西ドイツで約一〇年間経済大臣を務めた[10]。西ドイツでは、ナチス政権が導入した計画経済の影響は戦後もしぶとく残り続け、エアハルトはそうした影響を排除したうえでドイツ経済を再生させようと考えた。ドイツ初の独占禁止法の自主制定を求めて試行錯誤を繰り返したのち、制定されたのが一九五七年に発布された「競争制限法」だった[11]。

もっとも、競争制限法について、オルド自由主義者やエアハルト自身が全面的な支持を寄せていたと説くのは正しくはないだろう。ドイツ初の独占禁止法はカルテルの規制に関して、オルド自由主義者が期待していたほど厳密な規制をかけたものではなかった。とはいえ、お家芸のようにカルテルが結ばれてきた国で、このような法律を制定できたこと自体が、まぎれもない成果だった。経済成長を遂げるうえで独占はかならずしも必要ではないというエアハルトの考えを裏づけるように、それから間もなく、西ドイツでは「経済の奇跡」と呼ばれた経済の急速な再建と成長が始まり、一九五八年の時点で国の総生産高が四倍にも達する経済成長を遂げた[12]。

西ドイツはきわめて短期間のうちに戦後の荒廃した状態を抜け出し、世界でも有数の豊かな国の一員としての地位を確立した。その一方で、国民生活の保護を重視した手がたい経済政策を維持しながら、国民のあいだに過度な所得格差や、限られた都市や巨大な独占企業に経済が集中しないよう努めた。戦後の西ドイツ——現在のような新自由主義に後戻りする以前のドイツ——は、いくつもの点において、ブランダイスやオルド自由主義者の理念の実現を図ろうと努めながら、巨大な経済格差とは無縁の分権的な経済を維持してきた。比較するにはいささか無理があるかもしれないが、同時期の東ドイツに比べると、このころの西ドイツは経済面ではるかに凌駕《りょうが》していた。当時の東ドイツといえば、戦前から続く集権的な計画経済を維持していただけでなく、ソ連を模範にさらに強化さえしていた。

一方、戦後の日本は、ダグラス・マッカーサーが指揮する連合国軍最高司令官総司令部（GHQ）のもとで、「史上もっとも野心的な反トラスト運動」と評された占領政策が始まり、独占企業の解体事業は一九四七年に国会を通過した「過度経済力集中排除法」でピークを迎えた。[13] GHQのある当局者は、「もし財閥が敗戦という条件の下で生き延びることを許されるようなことになれば、戦後の日本の政治を支配し続けることになるであろう。今度の戦争で得た経験から、財閥は従来以上に徹底的

＊ルートヴィヒ・エアハルト：一八九七〜一九七七年。西ドイツの政治家。所属政党はキリスト教民主同盟。長く連邦経済相を務め、第二次世界大戦後の「経済の奇跡」は「エアハルトの奇跡」とも呼ばれ、歴史的な経済成長の立役者として名声を博した。一九六三年から六六年まで西ドイツ首相の地位にあった。

に軍事力によって東アジアを征服するという次なる企てを準備することができる」[14]と警告していた。最終的にアメリカ政府は、「日本の中流階級と競争力に優れた資本主義の基盤[15]」を生み出す政策に着手していった。

財閥解体は容赦なく断行された。八三社がGHQの対象になり、このうち一九四八年の時点で四二社が解体された。四二社のうち一六社が消えてなくなり、二六社は〝分社化〟され、さらに何社かの小規模な企業に分散された場合も少なくなかった。残った四一社については会社の所有権を分散させたうえで存続が認められた[16]。

GHQは財閥解体の手段として、一族が保有する金融持株会社の解体と保有する株式の公開を命じた。そうすることで、一族が支配する王朝から財閥の所有権を切り離すことができる。連合国による戦後の日本の占領政策が大きな成果をあげられたのは、このふたつの措置に負っていたのはほぼまちがいないだろう。

しかし、財閥解体はやがて失速していく。とくに朝鮮戦争が始まると解体事業は目立って遅れていった。アメリカが方針を転換し、中国とソ連に対する強力な反共勢力として日本を再編しようと考えたのだ。その結果、早くも一九六〇年代には財閥が復活するきざしが現れる。日本の独占禁止法が、法による徹底した独占の禁止という枠組みを生み出せなかったのはまぎれもない事実となってしまった。軍国主義との縁は薄いが、やがてナショナル・チャンピオン政策へと日本は回帰していった。日本は一九九〇年代に始まる低迷をいまも克服できないままである。なぜ克服できないのか、その理由についても、こうした状態におちいってしまった点から説明できるだろう。この問題はのちほどあらためて論じる。

反独占政策がもたらした繁栄

そうしているあいだもヨーロッパでは新たな競争法が広まっていた。そのなかでももっとも長期にわたって大きな影響を与えたのは、一九六二年に欧州連合（EU）の前身である欧州経済共同体（EEC）が独自に導入した競争法だった。[17]導入から二年後の一九六四年、欧州委員会（EC）はこの法律に基づいて欧州司法裁判所（ECJ）で初の勝利を収めた。相手はグルンディヒという西ドイツの家電メーカーで、同社のフランス子会社に排他的販売契約権を与えようとしたことをめぐる裁判だった。[18]この裁判こそ、世界でもっとも能動的で重要な競争法の執行のさきがけとなる。

一九六〇年代、アメリカの独占禁止法の執行は最高潮に達した。一九五〇年に成立した合併禁止法で武装した次世代のトラスト征伐者《バスター》は、それまでにはない激しさで企業集中を高めるおそれがある合併をはばんだ。一九六〇年代と七〇年代を通じ、司法省は銀行、スーパーマーケット、靴メーカーなどの企業を相手に果敢に戦いを繰り広げた。司法省は戦いのよりどころとして、広範な業界に集中排除を行える法律を制定したのは連邦議会だと主張しつづけた。議会は、「単独の企業買収ではなく、一連の企業買収によって」企業集中が「徐々に忍び寄ってくる」[19]事態を懸念していた。

ひと言で言うなら、アメリカの戦後は、果敢な手段を用いて資本主義を手なずけようとしていた時代と特徴づけられる。苛烈さではアメリカにおとるとはいえ、その点ではヨーロッパとアジアも同じだったが、そうした資本主義の手なずけ方は、共産主義者や社会主義者には想像もできなかった。こうした手段は、公権力によって私的企業の力を相殺し、制限を加えることを意図していた。当時、その方法をめぐってさかんに論議が繰り返された。論議を引き起こしている点では現在も変わりはないが、反独占政策がピークに達していた時代、工業化されていた国々ではかつてない繁栄を達成し、個人の収入も増え、所得の均等が実現された時代と重なっていた。この点はやはり注目に値するだろう。

しかし、企業や保守的な財界人のあいだでは、反独占政策に対する抵抗が一貫して高まり続けていた。政府は資本主義そのものに対して戦争をしかけていると彼らは主張した。彼らの抵抗はそれから間もなく噴出するが、それを説明する前に、ピークを迎えた反独占政策がどのような展開を生み出していたのか、その決定的な事例についていくつか見ていくことにしよう。

第5章

巨大テクノロジー企業との戦い——一九八〇～一九九〇年代

アメリカが技術大国であり続ける理由

紙幅の限られた本書では、第二次世界大戦後の一九四〇年代以降、各国で制定された独占禁止法が実際に何を行い、何ができなかったのか、それについて年代ごとにもれなく記すことには限りがある。本書の場合、全体を網羅するのではなく、独占禁止法がもっとも功を奏した事例にスポットを当てて説明したほうが目的にかなっていそうだ。その事例とは、一九八〇年代から九〇年代にかけて市場を独占していた巨大テクノロジー企業に対して行われた、アメリカとヨーロッパの一連の独占禁止法の執行だ。

ＩＢＭ、ＡＴ&Ｔ、マイクロソフトなど、それまで存在した企業のなかでも突出して巨大な企業を相手にした、現在でも語りつがれる果敢な戦いだった。たしかに、こうした企業の解体は最後までやり遂げられたわけではない。しかし、これらの企業を解体へと追い込んだことで、その後、途方もない規模のビジネス・チャンスが創出され、けた違いのイノベーションが生み出される素地が整えられていった。

一九七〇年――現在のような世界規模のテクノロジー産業が出現するとは誰も夢にさえ思っていなかった。当時、コンピューターは巨大できわめて高価な装置で、コンピューターを作動させるソフトウェアは、本体の購入先に提供されるサービスだった。[1]研究中のインターネットはまだ海のものとも山のものともつかず、ネットワークは貧弱で、電話会社が運営していた。ネットやウェブ、スマートフォンはもちろん、パソコンやソフトウェアも文字通り、サイエンスフィクションのなかの話だった。

当時、コンピューター業界は独占状態に置かれていた。市場を支配していたのは、政府と密接に連携していた複数の巨大企業だった。その意味では典型的な独占企業で、国を代表するチャンピオン企業があれば、独占的な国有企業もあった。アメリカではふたつの巨大企業が、現在、テクノロジー産業と呼ばれる分野を支配していた。そのひとつが「ビッグ・ブルー」の愛称で知られるＩＢＭで、同社の画期的なメインフレーム「システム／３６０」の成功による独占だった。

そのＩＢＭもＡＴ＆Ｔ（アメリカン・テレフォン・アンド・テレグラフ）に比べれば、はるかに見おとりがした。当時のＡＴ＆Ｔは世界最大の企業で、言うまでもなくアメリカの通信業界を独占していた。[2]合法的な独占企業として認められていたＡＴ＆Ｔは、アメリカ政府ときわめて近しい関係にあった。そうした関係を示す話として、ＡＴ＆Ｔがニューメキシコ州に軍関連の複数の原子力研究所を運営していた事実があげられる。[3]カナダ北部とアラスカ州を横断して、大陸間弾道ミサイル（ＩＣＢＭ）の早期警戒システムの配備にも関係していた。[4]

当時、国家戦略として、テクノロジー産業でナショナル・チャンピオン政策を進めていたのはアメリカだけではなかった。イギリスは国策による合併企業ＩＣＬ（インターナショナル・コンピューター・リミテッド）とのちにブリティッシュ・テレコム（現在のＢＴグループ）と呼ばれる企業の育成を進め、ドイツはシーメンス、テレフンケン、ドイツテレコムを、イタリアはオリベッティを後押しするなど、先進諸国の大半がこの政策を採用していた。ソ連でさえＩＢＭのコンピューターをコピーして独自のメインフレームを開発していた。

一九七〇年代の日本は、現在の中国のような勢いがあった。テクノロジー分野が急成長を遂げ、アメリカにとってもっとも手強い挑戦者が日本だった。日本の隆盛は、ソニーに見られるポータブル機器の成功や、日本電気（NEC）や富士通などの大手コンピューター・メーカー、さらに通信事業の独占企業（日本電信電話公社）などの成功によるところが大きい。一九七〇年代後半から八〇年にかけ、いずれ日本がアメリカを凌駕して世界をリードするテクノロジー大国になり、世界一の経済大国に発展するかもしれないと多くの人が考えていた。

テクノロジー産業の支配と未来の覇者を賭け、各国を代表するナショナル・チャンピオン企業の競合という、昔ながらの国際競争がこの分野でも繰り広げられた。ヨーロッパと日本の企業は、アメリカとの差をまたたく間に詰めていった。このような場合、基本的な論理にしたがえば、アメリカ政府は自国企業に対して、国際競争を勝ち抜くための支援や育成、助力のために打てる手はすべて打つべきだという話になる。

しかし、連邦政府――少なくとも独占問題を管轄する政府の関連部門――は手を差し伸べずに、このシナリオに背を向けた。IBMやAT&Tを支援するどころか、常識にさからうように両社への攻撃に転じたのである。一九六九年と一九七四年、司法省はIBMとAT&Tを独占禁止法で提訴し、両社に対して分割を求めた。一九九〇年代には、同様な措置がマイクロソフトにも講じられることになる。当時、マイクロソフトはアメリカの産業界を牽引するハイテク企業で、世界でもっとも価値がある企業だった。

ナショナル・チャンピオンシップの理屈を踏まえれば、アメリカのこうした措置は非合理的で愚策であるばかりか、自暴自棄な自殺行為にほかならない。しかし、アメリカ政府のこの対応は、反常識的ではあるが、独自の論理に基づいていた。これから見ていくように、アメリカがその後何年にもわたって卓越した技術大国として成長していくうえで、これらの措置が大きく関連していた。こうした成功の物語や反独占の最良の部分について、これまで以上につぶさに見ておく必要があるだろう。

メインフレームの覇者

ＩＢＭことインターナショナル・ビジネス・マシーンは一九一一年、計量機や作表機〔パンチカードを使ったデータ処理機〕の制作会社として設立された。一九六〇年代の時点で、すでに世界最大のコンピューター・メーカーに成長し、企業や政府機関などの専門機関が使用する汎用大型コンピューター（メインフレーム）市場を独占していた。一九六九年の時点で二五万八六六二人の従業員を抱え、年間収益は七二億ドルに達し、[5] システム／３６０は世界でもっとも成功したコンピューターシリーズになっていた。誇り高き企業で、ＩＢＭの社歌にはその思いが次のように高らかに謳われている。

「限りなき前進《エヴァー・オンワード》」
その精神こそわれらが名声のありどころ
われらは偉大でさらに偉大でなくてはならぬ

誰もがわれらの失墜を見ることなし
人類に尽くすことこそわれらの使命[6]

一九六〇年代、ＩＢＭに対する積年の不平の声がほかのコンピューター会社からあがっていた。ＩＢＭはメインフレームの市場を独占しつづけるばかりか、不当競争や、強欲で法律や倫理にもとる行為で他社を市場から締め出してきたと各社は訴えた。司法省はＩＢＭのこうした行為について長期にわたる捜査を行い、そして一九六九年に「独占維持」を理由に、ＩＢＭを反独占法違反で提訴した。司法省の言葉を借りるなら、ＩＢＭは「排他的かつ侵襲的」な手段を用いて、「汎用目的のデジタル・コンピューター」市場で支配的地位を維持してきた[7]。

政府はこの違反に対してＩＢＭの分割、すなわちこの大企業をことごとく解体して、小さな企業に分割することをもくろんだ。その意味では、この事案はそれまで通りの「大企業による独占」の典型で、政府が目的としていたのはメインフレームの市場そのものを再構築することだった。

一九七五年、およそ六年におよぶ証拠開示を経てようやく裁判が始まった。公判中、ＩＢＭは徹底した抗戦に出て裁判の引き延ばしを図り、その費用として一〇億ドルもの大金が投じられたといわれる。判事を務めたデヴィッド・エーデルスタインは、一見すると時間などおかまいなしのように、きりがないほど多数の証人喚問を許可した。政府当局のある証人にいたっては、証言は六カ月以上も続いた。また、供述録取書を読み上げ、書面に記録するだけに費やされた日もあった。

裁判の詳細な経過は、法廷ジャーナリストのスティーヴン・ブリルによって大半が記録されている。

ブリルは裁判そのものが大失態だと酷評していた。「信じられないような茶番劇そのもので、真相を明るみに出そうと取り組んでいる当局の法律家が、被告弁護士と同じ法廷戦術に引き込まれていく危うさに直面していた」[8]と書いている。驚くことにこの裁判は六年にわたって続いた末、一九八一年、この年、大統領に選出されたレーガン政権のもとで、司法省は裁判を断念して起訴を取り下げた。

しかし、裁判そのものよりも興味深いのは、この訴訟がＩＢＭの独占行為や経営方針にもたらした影響だった。ＩＢＭは「警察官のそば＊」と呼ばれるあらがいがたい衝動を持っていた。一九七〇年代から八〇年代にかけ、テクノロジー市場が拡大していくうえでＩＢＭのこの衝動は大きな影響を与えていた。競争法が専門のジョージ・ワシントン大学法科大学院ウィリアム・コヴァシック教授は、「このときの裁判を通じ、ＩＢＭは経営戦略を策定するうえで法律家の役割を重んじるようになり、競合他社への攻撃を控えるようになった」[9]と指摘した。

ソフトウェア業界の「独立記念日」

さらにはっきりとした影響が指摘できる。この提訴でＩＢＭに揺さぶりをかけた結果、ソフトウェ

＊「警察官のそば」：警察官が近くにいても、犯罪者が衝動を抑えきれずに違法行為を犯してしまう抗否不能の衝動のこと。アメリカでは犯罪者の心神喪失を鑑定する際、「警察官のそばテスト《ポリスマン・アト・ザ・エルボー・テスト》」が行われることが多い。

アがハードウェアに付属するものではなく、独自の産業として確立されたことこそ、この裁判がもたらしたもっとも明らかな影響だった。ソフトウェアの分離は決して無視できるものではなく、その結果誕生したソフトウェア業界は現在、アメリカ国内だけで一兆六〇〇〇億ドル（世界的には三兆ドル）の価値を生み出し、二五〇万人もの人間がこの業界で働いている。[10]

一九六〇年代、メインフレームを製造していたIBMをはじめとする大半のコンピューターメーカーにとって、ハードウェアにソフトウェアを〝付属《バンドル》〟して販売するのが慣行だった。[11]つまり、ソフトウェアはハードウェアの販売規模に応じて紐づけられたサービスで、IBMのメインフレームの売買契約には、顧客のニーズに合わせ、プログラマーがソフトウェアをカスタマイズすることが記されていた。住宅展示場のモデルハウスを案内するように、コンピューター会社は事前にパッケージされたソフトウェアがどんなものか説明するだけだった。

だが、司法省が独占禁止法でIBMを提訴することが避けられない状況が明らかになると、IBMの法務担当チームは、今後、ハードウェアとソフトウェアを包括して価格に組み込むことは法的に難しいと考えるようになっていく。IBMの社長でCEO（最高経営責任者）のトーマス・ワトソン・ジュニアは、一九六八年後半、同社のソフトウェアをハードウェアからアンバンドリング（価格分離）させる決定をくだし、その準備を進めさせた。

一七のアプリケーションソフトを個別にリースするとIBMが公表したのは、一九六九年六月二三日のことだった[12]（契約形態は依然としてリースで、まだ購入はできなかった）。一九六九年六月のこの日は、ソフトウェア業界の「独立記念日」と呼ばれることもある。その後、IBMがパッケージ済みソフトウェア製品を発売するようになるとコンピューター産業は一変し、かつてのような状況に戻ることは二度となかった。リチャード・リリー——IBMの元システムエンジニアで、一九七〇年代を代表するソフトウェア企業の創業者——は、「これによって、現在のコンピューター業界が生み出された」と一九八九年に語っていた。[13]

業界のこうした展開が持つ経済的な意味、さらに言えばIBMのアンバンドリングがもたらした影響がどれほどの価値を生んだのか、それを試算するのは容易ではない。業界の変革はそれほどの規模におよんだ。さらに言うなら、その意味が持つ重要性はただちに気づかれなかった点を見逃してはならないだろう。ソフトウェアよりもハードウェアの製造を重視する傾向は一九八〇年代になっても続き、ハードウェアに比べると、ソフトウェア業界の市場は小規模な状態にとどまっていた。

経済統計によると、「一九八七年のアメリカのコンピューター・プログラミング・サービス業（SIC7371）*の売上は一四二億ドル、コンピューター統合システム開発業（SIC7373）の売上は七一億ドル、パッケージ済みソフトウェア関連サービス業（SIC7372）は五九億ドル」[14]だった。ビジネスのあらゆる分野でパーソナルコンピューターが圧倒するようになるのはこのあとの話だが、

＊SIC：アメリカの業種分類コードのこと。7370台はコンピューター・プログラミングやデータ・プロセッシングなどのサービス業に相当する。このほかにもUKSIC、USSIC、ISIC、NAICSなどのコードがあり、日本では「日本標準産業分類コード」が使われている。

二〇一〇年代を迎えるころには、世界市場に占めるソフトウェア・ハウスの売上は、どれほど低く見積もっても、数兆ドル規模を占めるまでに成長していた。

イノベーションをうながした独占禁止法

ＩＢＭに対する独占禁止法の提訴は、もうひとつ別の画期的な変化をうながす鍵となっていた。その変化こそパソコン業界の発展にほかならない。一九七〇年代、おおぜいの研究者が、企業や政府機関で使われている巨大な装置とは別のタイプのコンピューター、つまり〝パーソナル〟なコンピューターの開発という構想を抱くようになっていた。そうした研究者のなかでも、傑出していたのがカリフォルニアにあったゼロックスのパロアルト研究所の研究者であり、スティーブ・ジョブズやスティーブ・ウォズニアックといったマイクロコンピューターの愛好家たちだった。

当時、こうした愛好家が集まって小さな会社を起業していた。現在のアップルもそうして創業された会社のひとつで、そのなかにはシンクレア、コモドール、エイコーン、タンディなどいまでは忘れ去られた会社もあるが、これらの企業の成功をきっかけに、パソコン市場が開拓されマスマーケットが形成されていく。パソコンなら二〇〇〇ドル以下のコストで一台のコンピューターが生産でき、しかもそこに大きな市場が存在することが立証されたのだ。[15]

産声をあげたばかりの産業は、たいてい独占企業に乗っ取られたり、あるいは蹂躙《じゅうりん》されたりするものである。いわゆる「クロノス現象」[*]という現象で、「クロノス」という名称は自分の子どもが生まれるたびにのみ込んでいたというギリシャ神話の巨神族タイタンの長に由来する。大半の者たちがパソコン市場も圧倒的に巨大なIBMにのみ込まれてしまうのは避けられないと考えていた。

一九八一年、IBMはパソコン市場に参入した。いまから考えると、この参入もまたIBMならではのあらがいがたい衝動《ポリスマン・アト・ザ・エルボー》に駆られたものだったのは明らかだ。しかし、投入されたIBM PC（IBM5150）は、それまでのIBMの開発手法に見られた因習的で〝閉鎖的〟な生産システムから過激すぎるほど逸脱した異例ずくめの手法で開発されていた。IBM PCの開発チームは市場から既製品のパーツを調達して制作を進め、ハードディスクドライブはシーゲイトテクノロジー、プリンターはエプソン、CPU（中央処理装置）は自社開発ではなくインテルの製品を採用していた。

なかでも大きな意味があったのはマイクロソフトのOS（オペレーティング・システム）を選び、その後も長期間にわたって採用しつづけた点である。当時、マイクロソフトは弱小のスタートアップで、二五歳のビル・ゲイツは大学をドロップアウトしてこれという学位さえ持っていない青年だった。[16] 結局、開発されたIBM PCのうち、IBMが独自に手がけた部品と言えば、キーボード、モニター、マザーボード、BIOS《バイオス》（基本入出力システム）のROMだけだった。

＊クロノス現象：本書の著者ティム・ウーが『マスタースイッチ』（飛鳥新社）で説いた造語。破壊的イノベーションによって既存市場の秩序を破壊し、早期の時点で優位性を獲得した企業は、あらゆる手段を講じて先発優位性を維持しようとすることを意味する。

ＩＢＭ ＰＣの主要ＯＳの供給について、ＩＢＭがマイクロソフトと契約を結んだ際、ＩＢＭ側はソフトウェアの買い取りの話どころか、独占的なライセンス契約さえ要求しなかった。それどころか、交わされた合意は非独占的な取り決めで、マイクロソフトはＩＢＭ以外のコンピューターメーカーにも開発したＯＳ「ＭＳ‐ＤＯＳ」を自由に提供することができた。

コンピューターの歴史を物語る大半の資料では、この合意はＩＢＭにとって途方もない失態で、ビル・ゲイツのたぐいまれな先見性を示す好例だと考えられている。しかしこうした見解は、当時のＩＢＭが逃れられない制約のもとでマイクロソフトとの交渉に臨んでいた事実を見落としている。ニューヨーク大学教授のジョセフ・ポラックは、「競合企業になりうる可能性を秘めているとはいえ、ＩＢＭは小さな会社を力ずくで支配することをためらっていた。それは反トラスト法に対する恐怖症《フォビア》という産物にほかならない。非独占契約はマイクロソフトにとって明らかに有利だったが、それを承知で契約を交わしたことは、将来、ＩＢＭはパソコン市場を支配していると非難されるのを避けるためのひとつの方法だった[17]」と指摘している。

それどころか、ＩＢＭに対しては、マイクロソフトの買収や同社が開発したソフトウェアの買収の話がさまざまな形で提示されていた。一九九〇年代になるとこうした事実が明らかにされていく。「ウォール・ストリート・ジャーナル」によると、一九八〇年にはマイクロソフトは自社のＯＳを残らず買ってほしいとＩＢＭに持ちかけている。だが、この絶好の機会さえＩＢＭは断っていたのだ。チャールズ・ファーガソン、チャールズ・モリスの二人は『コンピューター・ウォーズ、21世紀の覇者』のなかで、断念したのは「〔反トラスト法で係争中だったこともあり〕ＩＢＭはソフト開発者の訴訟を恐れてOSを所有することに用心深くなっていた」からで、「当時、IBMは、弱小部品供給会社に対して不当に強い立場に立つことにとりわけ敏感になっていた[18]」と書いている。

結局、IBMのパソコン市場への参入は一種異様で、それまでになかった刺激を業界にもたらし、各社の競争を高めたとしか言いようがない。それどころか、メーカー各社と誕生したばかりの産業界に活力を吹き込むことになった。実際、パソコン市場はこれ以降、激しい市場競争を展開していき、その激しさはおそらくIBMの予想をはるかにうわまわっていた。さらに、この競合のおかげで、新たに独り立ちした産業界のあらゆる分野が育まれた点を見落とすわけにはいかない。ハードディスクドライブをはじめとする記憶装置、さらにCPUやメモリ、もちろんパソコン向けのソフト市場もそうだった。これらの競合を通じて、パソコンという装置は手ごろな価格になっていった。ある意味では、価格の低減こそ、パソコン革命の大部分を占めているとも言えるだろう。

IBMへの提訴は、独占禁止法がもっとも理想的な形で運用された例だった。市場を支配する巨大企業に果敢にいどみ、産業界のほかの企業のやる気を駆り立て、新たなビジネスと参入機会を生み出すことで、産業界の構造そのものを変えていった。しかし、IBMの一件も、アメリカ最大の電気通信事業の独占企業と対決する前哨戦にすぎない。そして、その巨大企業こそAT&Tにほかならなかった。

世界最大の企業を分割せよ

一九七四年、ＡＴ＆Ｔは世界最大の巨大企業だった。擁している従業員は一〇〇万人を超え、その時点でまるまる六〇年におよぶ比類なき独占体を維持してきた。Ｊ・Ｐ・モルガンによって独占企業として創設され、国家と企業が手を携える協調組合主義《コーポラティズム》の考えを実体化した、もっとも重要で強大な企業がＡＴ＆Ｔだった。政府の規制を受けた超巨大な組織であり、企業としての活動は「規制下の独占」という御旗《みはた》のもとで、連邦通信委員会（ＦＣＣ）によって入念に調整されていた。

言葉を換えるなら、ＡＴ＆Ｔは、ホワイトハウスが出し抜けに政策転換を表明する一九七四年の時点まで、申し分のないすばらしい半生を謳歌していた世界最大の企業だった。アメリカ政府はこの年、「今後も独占を維持する企業（ＡＴ＆Ｔのこと）あるいは社会が公序良俗の観点から、独占は正しいとする特別な政治的理由を示せなければ、その独占は容認されるべきではない」[19]という、それまでの政策を一変する方針を宣言した。同じ年の後半、司法省はＡＴ＆Ｔを独占禁止法で提訴する。これは、それまでの独占禁止法や競争法の歴史を通して、もっとも大規模でもっとも重要な意味を持つ訴訟となる。第二次世界大戦後に行われた大型の企業分割としては、この裁判が最後になるばかりか、アメリカ経済に対する影響の点を踏まえても、もっとも好ましい結果をもたらした。

正確に記すなら、ＡＴ＆Ｔという会社は単一の独占企業体ではなく、六〜七社の複合的な独占企業――数え方によって数は異なる――によって、典型的な〝超巨大独占企業体〟を形成していた。絶頂期には地域電話サービス、長距離電話サービス、機器製造や全据え付け業務、業務用電話事業ばかりか、インターネットが出現する以前のパソコンのオンライン通信など、新たに誕生した市場さえ支配下に置いていた。

いまの時代、市場を支配する巨大企業でさえ、口先だけとはいえ競争原理の重要性については賛意を示すが、AT&Tはそうではなかった。当時としても異例だった独占支配の正当性について、イデオロギーにも似た信念を抱いていた。それはAT&Tの初代社長として真の支配者になったセオドア・ヴェイルが植え付けた社風で、ヴェイルは自身の考え——競争こそアメリカの実業界の名声をおとしめる——をAT&Tの理念に定めた。「すべてとは言わないまでも、実業界に対する現在の世間の敵意、とりわけ巨大企業に対する世間の敵意の大半は、企業間の好戦的な競業にともなう、悪辣な行為のせいで生み出されている[20]」

AT&Tは昔から、特定地域の単なる独占電話会社であることに満足はしていなかった。それどころか、この会社は通信事業の嫉妬深い巨神《クロノス》で、ライバル企業の存在は一社たりとも許せず、市場を分かち合うことも受け入れず、自分の座を奪う機会をうかがっているとはとても思えない小さな新興企業でさえ容赦なくのみ込んできた。一九六八年、AT&Tは連邦通信委員会に対して、市場競争はまさに使命ともいうべき電話という通信システム事業の運営と矛盾すると説いた。したがって、ベル電話会社は「その責任を効果的に果たすために、(電話という) システムのあらゆる部分におよぶ品質と据え付け、保守に関してゆるぎない支配力を有していなくてはならない[21]」。

問題の大半は、競争を忌み嫌ったAT&Tの体質に根差していた。MCI*をつぶそうとしたときにはあらゆる手段を講じ、自制心のかけらさえうかがえなかった。当時、ＭＣＩは起業したばかりの小さな会社で、マイクロ波を中継して低料金の長距離通話サービスを提供していた。ＭＣＩつぶしのかたわら、ＡＴ＆Ｔはベル電話会社と競合するサービスを提供しようとするあらゆる企業の参入をはばんでいた[22]。一九七〇年代、司法省の調査が進められていても、ＡＴ＆Ｔの競合他社への攻撃はますます露骨になっていった。そして、長きにわたった独占体制も七〇年目にしてついに終わりを迎える。

ＡＴ＆Ｔ分割とインターネット革命

ＡＴ＆Ｔを分割に導いた本当のねらいは、政治的な理由によるもので、この問題は憲法にさえ抵触していた。司法省の目にはＡＴ＆Ｔが国家に対する挑戦者と映っていた。政府の規制に、ＡＴ＆Ｔは公然と抵抗し、現在のネットワーク中立性**を担保する法律の祖型のような法律を突きつけられても、ＡＴ＆Ｔはそれをまんまとくつがえし、無力化させてきた。独占禁止法による提訴へと司法省を踏み切らせたのは、自分たちは政府の規制をもうわまわる存在だと見なしていたＡＴ＆Ｔのそうした考えにほかならなかった。

一九七四年に始まったＡＴ＆Ｔの訴訟は、およそ一〇年にわたって続いたが、結局、独占禁止法による判決はくだされなかった。そのかわりレーガン政権下の一九八四年、司法省とＡＴ＆Ｔのあいだで和解が成立し、ＡＴ＆Ｔは同意審決***を受け入れ、目を見張るような劇的な分割に応じた。その結果、ＡＴ＆Ｔは八社に分割され、それぞれの事業内容はいくつもの制約下に置かれた[23]。分割で誕生した地域電話会社は、（以前の親会社だけではなく）他の長距離通信会社との接続を受け入れることが義務づけられ、さらにいずれの会社もオンラインサービスやケーブルテレビのような新規市場から明らかに締め出されていた。

AT&Tの分割はアメリカ最後の巨大分割事業となっただけに、この分割がどのような結果をもたらしたのか、それを検証することにも意味はあるだろう。巨大だっただけに、分割によって短期間だったが通信市場に混乱が引き起こされた。経済学者のなかには、この分割で通話料が引き下げられた

＊MCI：アメリカにかつて存在した電気通信事業者。一九六三年にマイクロウェーブ・コミュニケーションズとして設立。その後、ワールドコムに買収され、MCIワールドコムになったが、ITバブルの崩壊で経営は破綻した。

＊＊ネットワーク中立性：二〇〇三年にティム・ウーが提唱した概念。インターネット上を流通しているさまざまなトラフィックの〝公平〟な取り扱いを保証することを意味する。「ネット中立性」「インターネット中立性」とも言う。

＊＊＊同意審決：独占禁止法違反や損害賠償を問われ、不服として争っている当事者が過失や不正を認め、是正措置を受け入れるかわりに、正式な刑事訴訟や民事訴訟に発展させないことについて規制当局と原告が合意する取引。裁判所命令の一部として出されるため、被告側が約束を履行しない場合、罰金が科されるなどの法的拘束力がある。

と指摘する者もいるが、本当の影響は通話料ではなく、さらに重要な成果がもたらされていた。いまになって振り返れば、この分割によって、AT&Tを中核とする「ベル・システム」という垂直統合が通信業界のイノベーションをどれほどはばんでいたのかその事実がわかる。分割後、AT&Tという巨大な亡骸《なきがら》を苗床にして、そこから独占時代には想像もしなかった、あるいは想像を絶するような、まったく新しいタイプの産業が出現してくる。

たとえば、消費者に関連製品を売るというそれまでになかった自由を得て、留守番電話が生み出され、さらにアナログ信号とデジタル信号を変換するモデムが普及していき、ネットワークを使って自宅のコンピューターから通信できるようになった。それがさらにAOLやコンピュサーブなどのパソコン通信を手がけるプロバイダーの出現をうながし、こうしたプロバイダーの出現でインターネットへの接続を可能にするインターネット・サービスプロバイダーが登場し、シリコンバレーで一連のITブームを起こしていった。

もちろん、一九八〇年代から九〇年代に起きた出来事のすべてが、AT&Tを分割した結果だと断言はできない。しかし、ベル・システムの支配は市場をくまなく覆いつくし、その支配下に置かれ続けたままなら、こうした事業の多くは起業さえできなかったはずだ。インターネット革命は社会に大きな変化をもたらした。言うならばこの革命も、独占禁止法が達成した最大の成果のひとつにほかならないのだ。

日本が負う「第五世代コンピュータ」開発失敗のツケ

アメリカが独占との戦いに沸いていた一九七〇年代、そのころ日本のテクノロジー産業は市場制覇をめぐり、アメリカに対して剝き出しの戦いをいどんでいた。当時の日本は、世界を一変させるイノベーションを育んでいた。ソニーやパナソニック、東芝といった日本企業は、テレビやラジオなどのアメリカの主力製品に対し、廉価なコピー製品を製造してはじめての成功を収めたが、こうした企業のなかから、ソニーのように既存の製品に魔法のような工夫を加え、それまでにない製品を生み出す企業が現れる。こうして生み出された製品の好例こそウォークマンであり、ベルトに取り付けて手軽に持ち運んでいけるカセットプレイヤーだった。自分だけの音楽の世界に浸りながら街を闊歩《かっぽ》できる最初のデバイスで、たちまちアメリカで大ブームを引き起こす。

ウォークマンから時を置かず、日本は〝第二弾〟を打ち出してまたもやアメリカ人をとりこにする。それまでにないビデオゲームが、アメリカのみならず、世界中のゲームセンターを席巻する。ゲーム市場はカリフォルニアのアタリ社が開発した「ポン」によって生み出されたとするなら、その市場を早々に支配したのが日本のゲームメーカーだった。最初の決定的なヒットは「スペースインベーダー」だった。侵略してくる宇宙人軍団を迎撃するシューティングゲームで、熱狂的なブームを世界中で巻き起こした。しかし、このゲームはその後に続く一連の日本製ゲームの大ブーム——「パックマン」「ドンキーコング」など——の第一弾にすぎなかった。

だが、日本の成功は長続きしなかった。一九八〇年代前半、これからも勝ち続けるというおごりから、日本政府は致命的な判断ミスを犯す。通商産業省〔現在の経済産業省〕が肝いりで進めた国家主導のテクノロジー開発計画という、あまりにも大きな賭けにのめり込んでしまったのだ。通産省のやることに誤りはないと関係者の多くが信じた。それは日本のコンピューターが世界市場を制覇するために必要な基本計画だった。当時の日本にすれば、まぎれもない名案だと思えたはずだ。政府の諮問を受けた専門家はコンピューターは今後大型化していき、それまで以上の速度で処理できるものが求められると自信をもって断言し、日本は欧米におとらない巨大なスーパーコンピューターを彼らにさきがけて開発しなくてはならないと答えていた。

開発競争を制する鍵とされたのが「第五世代コンピュータ」という次世代コンピューターの研究プロジェクトだった。開発には日本政府と国内最大手の企業が手を携えて取り組んでいた。一九八四年当時のアメリカの専門雑誌には、「日本では現在、夢のような製品開発が進められている。その製品は地下の鉱脈から掘り出されるものでも、井戸から汲み出されるものでもない。田畑やまして海から作り出されるものでもない。その製品は日本人の脳から生み出される（略）。日本が世界に授けようとしているのは次世代――すなわち第五世代のコンピューターだ。そして、第五世代のコンピューターは知性を持つコンピューターになる」[24]という記事が掲載されていた。

日本がレースで賭けた競争馬はまちがっていたわけではないが、ただこの馬は誤ったコースを走っていた。確実な賭けだと考えられた開発事業だったが、結局、実用化にはいたらず大失敗に終わる。その結果、このプロジェクトほど壮大ではなかったが、たとえばアップルのマッキントッシュが実現したGUI、*その後インターネットと呼ばれるコンピューターネットワークなどのイノベーションが秘めていた重要性を日本は見抜けなかった。「第五世代コンピュータ」は、日本のコンピューター産業に対して、永久に立ち直れないダメージを残す、いまわしい国家プロジェクトになり果てていた。「プロジェクトの批判者は大失敗だと声をあげたが、計画の支持者は研究者の育成という成果が得られたと答えるよりほかなかった」[25]

「失われた三〇年」から日本が抜け出せられない理由

このような国家プロジェクトを進める一方で、日本政府は、アメリカがAT&Tを分割したような思い切った政策には手を出さなかった。一九八〇年代に日本電信電話公社を〝民営化〟して日本電信電話（NTT）が設立されたが、持株会社として関連企業を支配しつづけることが認められていた。[26]その結果、日本ではこれというソフトウェア産業の育成がはばまれ、かわりにNECやNTTの方法にならい、ハードウェアを中心とした統合システムの構築に重点が置かれ続けてきた。この国は、独自の〝オンライン産業〟を生み出すこともなければ、スタートアップを輩出する起業ブームを起こす

＊GUI：グラフィカル・ユーザー・インターフェース。コンピューターの操作の対象が絵で表現されるユーザー・インターフェース。マウスなどを使用して直感的にコンピューターが操作できる。

こともなかった。

　もっとも、このような失敗を犯した主要国は日本だけではない。ヨーロッパは市場競争を熱心に進めるときもあるが、政府の後押しを受けた通信事業の独占について、進んで規制をかけた国はむしろまれだ。ヨーロッパの経済大国は国家と企業が手を携えるコーポラティズムに執着し、通信事業の独占企業には手をつけず、コンピューター産業については常にその脇役として位置づけてきた。ただ北欧はそうではなく、スカンジナビア諸国はソフトウェア業界の育成をむしろ図ることで、ひとつの産業として確立させてきた。

　日本の場合、そうこうしているあいだも持ち前の優れたハードウェアの設計力で最先端の携帯電話を生み出していた。一九九〇年代にその勢いはアメリカをしのぐようにも思えた。だが、この国の携帯電話サービスは、主にＮＴＴとＮＣＣ〔新電電〕の複占に置かれたまま変わらなかった[27]。新たな価値を創造しつづけるスタートアップが文化として根づかないまま、つかの間のリードもやがて失われていった。通信事業の独占企業体を抑え込まなかったことで、独立系の通信会社やインターネット企業が真の意味で育たず、二〇〇〇年代前半になると、今度はアメリカが日本を大きく引き離していく。母船たる親会社の進行を妨げないままイノベーションを生み出そうとしても、その方法はきわめて限られている。

　一九九〇年代になると日本はアメリカに遅れを取り始め、ソフトウェアとパソコンの両分野ではいまもアメリカに水をあけられたままだ。日本はインターネット革命のなりゆきを見誤っていた。ＮＴＴに制限され、一九九〇年代から二〇〇〇年代前半にかけ、これというハイテク企業は一社も日本から出現しなかった。いまから振り返れば、日本のハイテク企業の大半がソフトウェア、パソコン、インターネット革命という好機を見逃していた事実がわかる。そして、そのつけはいまもこの国についてまわっている。

日本はエレクトロニクスやビデオゲームで成功を収めたが、ある意味で、なぜ成功したのかその真の教訓をこの国は軽視したとも言えるだろう。この分野における日本の成功はソニーや東芝、任天堂、タイトーによってもたらされた。野心的ではあるが、規模におとる会社もあった。それにもかかわらず、どういうわけか日本人は、未来を制するのはNTTやNECのような「超」の字がつくほど巨大企業にちがいないと考えた。しかし、その考えは誤っていた。

ただ、歴史とはそれほど単純なものではなく、なぜ日本が一九八〇年代と九〇年代のハイテク競争に敗れてしまったのかについては、たったひとつの理由で説明がつくものではないだろう。しかし、新しいアイデアが成熟し、これから繁栄の時代を迎えるそのとき、アメリカがハイテク市場の覇者に返り咲くうえで、IBMとAT&Tの分割が重要な役割を果たしていた。そうだと断言できる明らかな理由がある。

反独占という伝統がいまのような冬眠におちいる前、アメリカのこの伝統は国の将来を長きにわたって左右する最後の提訴を行っていた。一九九〇年代、司法省は世界一の大富豪と彼が経営する世界でもっとも価値のある企業を訴えていた。その大富豪がビル・ゲイツであり、マイクロソフトという企業にほかならなかった。

マイクロソフト帝国の野望

一九九〇年代、マイクロソフトという会社はいまのような穏やかな巨大企業ではなく、まったく別の猛々しい獣のような企業だった。攻撃的なうえに狡猾で、あくどい手段を講じたことも一度や二度ではない。さまざまなライバル企業の息の根を情け容赦なく断ってきた。いまでこそ慈善家として知られるこの会社の創業者で指導者のビル・ゲイツだが、当時のゲイツはしたたかなオタク《ナード》の典型のような人物で、しかもあざといほどの戦略家でもあった。彼自身、とりたてて優れた技術力を持っていたわけではないが、それにもかかわらず、技術力にまさる会社に打ち勝ち、相手をうわまわる技術力を誇示していた。

ゲイツが未来を見通せる才能に恵まれていたのはまぎれもない事実で、その未来を支配したい野心をゲイツは抱いていた。一九九五年の時点で〝インターネット〟なるものが、コンピューター業界の大半を支配するマイクロソフトにとって、あらゆる点で脅威になると見抜いていた。ゲイツはこの年、「インターネットという大潮流」と題された社外秘のメールを社員に送り、インターネット・ブームの到来に対する注意を喚起していた。「アプリケーションよりもウェブが重んじられ、ＯＳよりもウェブサーバーに接続するブラウザが大切だと人々は考えるようになるだろう[28]」とゲイツは書いていた。この予測に誤りはなかった。マイクロソフトの独占を支えるアプリとＯＳの二本柱が危機にさらされていた。

ゲイツが鋭かったのはそれだけではない。コンピューター業界を支配する鍵はどこにあるのか、ブラウザこそ未来を制する鍵だとゲイツはたちどころに見抜いていた。このころ主流のネットブラウザはネットスケープという設立されたばかりの会社が開発したナビゲーターで、一般的な人気を博した最初のブラウザだった。ブラウザの支配こそウェブの未来そのものを支配することであり、のちに明らかになるように、世界の未来の大半を支配するとゲイツは見越していた。

彼の洞察はたしかに鋭かったが、ゲイツにとってはおなじみのものだった。こうした戦略で彼はマイクロソフトという帝国を築き上げてきた。ブラウザに対する洞察もゲイツ流の戦略のひとつにすぎない。マイクロソフトという会社は設立された当初から、「優れた芸術家はまねをし、偉大な芸術家は盗む」というピカソの名言を地でいく会社だった。最初に開発したＯＳ（ＰＣ－ＤＯＳ）は、パソコンの草創期にデジタルリサーチ社が制作したＣＰ／Ｍをモデルにしていたが、ＰＣ－ＤＯＳの主要部もマイクロソフトが独自にプログラムしたのではなく、別の会社が開発した86－ＤＯＳというＯＳのライセンスを買い取って書き直したソフトだった。[29]

一九九〇年代にリリースされたウィンドウズは、アップルのマッキントッシュのＯＳを明らかに模倣したものだった。それだけではなく、オフィスのワードとエクセルは、それぞれワードパーフェクト、ロータス１－２－３をまねしたソフトだった。他社製品に比べ、マイクロソフトの製品は一級品とか、あるいはずば抜けているわけではないのは誰の目にも明らかだったが、そのかわりマイクロソフトの製品にはユーザーがほしがるなんらかのソフトがかならず付属されていた。マイクロソフトの製品が他社製品に勝利したのは、他を圧倒する性能ではなく、ほかに選びようがないという現実的なセンスに負っていた。こうした判断に、ゲイツのまぎれもない天才性がうかがえる。

一九九〇年代後半、マイクロソフトはネットスケープに対し、この会社ならではの戦略に基づいて猛烈な競争をしかけた。ネットスケープのナビゲーターを模倣したウェブブラウザ、インターネット・エクスプローラー（IE）をリリースした。市場はたちまちエクスプローラー一色となりナビゲーターは消えていった。こうした劇的な転換はたまたま起きたわけではなく、マイクロソフトがコンピューター業界に押しつけた強制的な取引、つまりIEがウィンドウズのOSのひとつとして搭載されたことによる結果だった。[30] それから間もなくネットスケープは経営が破綻して買収され、マイクロソフトは独占領域を広げていった。

反トラスト法の執行が現在のように最小限に抑えられた時代であれば、マイクロソフトはインターネットの未来を完全に支配していたかもしれない。それがビル・ゲイツの描いていた計画だった。二〇〇〇年代前半、グーグルやフェイスブック、アマゾンをはじめとするIT企業は規模も小さく、いずれもブラウザに全面的に依存しており、そのブラウザを当時のマイクロソフトは独占していた。

かつて私は、「政府の独占訴訟がなければどうなっていたと思うか」とゲイツ本人に尋ねたことがある。ゲイツ自身、独占訴訟がなければ、「現在、アップル（iOS）やグーグル（アンドロイド）が支配しているスマートフォンのモバイルオペレーティングシステムは、マイクロソフトが完全に支配していただろう」と語り、提訴の結果、「集中して事業に取り組めなかった」とこたえていた（本人の名誉にために言っておくなら、ゲイツはこの裁判をきっかけに、慈善活動のためにマイクロソフトを去る決心をしたので、「裁判は悪いことではなかった」と話していた）。

眠りについてしまった反独占の伝統

現在、ＩＴ産業はアマゾン、アップル、アルファベット（グーグルの持株会社）、フェイスブック、マイクロソフトの五社からなる「ビッグテック」と呼ばれる限られた数社の企業に支配されている。ビッグテックだけでも異様に強大で過剰な集中だが、たった一社の超独占企業体に支配された世界を想像してみてほしい。その会社は、ＯＳはもちろん、情報通信機器や端末、検索システムやたぶんソーシャルネットワーキングさえ支配していたかもしれなかった。マイクロソフトがもし、ビル・クリントン政権の司法次官として反トラスト法を担当したジョエル・クラインとＥＵの政策執行機関である欧州委員会（ＥＣ）らとの衝突に遭遇していなければ、それが私たちのいまある世界だったのかもしれない。

ジョエル・クラインについて、多くの人たちは穏健なタイプの自由放任主義者だと思っていた。しかし、マイクロソフトの独占に対するクラインの追及に容赦はなかった。その事実に人々は驚いた。「裁判に値すると考えるから、起訴するだけにすぎない」と「ワシントン・ポスト」の取材にクラインはこたえ、「私が望んでいるのは一ドルにつき七セントの罰金とか、その手のたぐいの話ではない」[31]と語っていた。

ヨーロッパでは、その敏腕ぶりから〝スーパーマリオ〟の異名を持つ、ＥＵの競争政策担当者マリオ・モンティが、マイクロソフトの独占禁止法違反の手続きを開始した。独占禁止法違反をめぐる正式な裁定は二〇〇四年にくだされたが、ヨーロッパではアメリカ以上に長期間にわたってマイクロソフトは苦しめられた。

それにもかかわらず、マイクロソフトは、新市場では依然として小規模な会社を破綻に追い込み、新たな独占を果たしていた。IEの市場占有率は90パーセントを超えた。また、マイクロソフトを訴えたことで多くの人たちがクラインを非難していた。「ハイテク市場はあまりにも複雑で変化が激しく」、法律は現実に追いついていけない。政府はテクノロジーというものを理解しておらず、このままでは黄金の卵を生むガチョウを殺しかねない。

やがてさまざまな事実が明るみに出されると、マイクロソフトに対する司法省の判断に支持が集まっていく。内部文書によって、マイクロソフトの真意も明らかにされた。ネットスケープ社に対して用いた戦略の正当性について、もっともらしい大義名分を祭り上げるために非常に苦労していた事実が判明する。反トラスト法の裁判でゲイツは、苛酷で延々と続く宣誓証言を堪え忍ばなければならなかった。図らずもこの証言を通じて、さまざまに理想化され、偶像として描かれた人物とはほど遠い、負の側面を抱えたビル・ゲイツの人間性があばかれていった。

司法省は連邦地方裁判所で勝訴し、さらに控訴審でも勝ち、今後、マイクロソフトだけではなく、それ以上に巨大な企業の分割に向けて進んでいくものと思われた。その点ではヨーロッパの判断もアメリカと同じで、マイクロソフトは独占的な地位を乱用したという決定を欧州委員会はくだした。このころ、反独占をめぐる大型訴訟は健全に機能しているように思えた。しかし、それが現在のようになったのは、二〇〇〇年の大統領選でジョージ・W・ブッシュが勝利してからだった。フロリダ州における投票をめぐって紛糾し、僅差で勝利した大統領選だった。ブッシュが大統領に就任して間もなく、連邦高裁はマイクロソフトの分割を命じた判決を差し戻し、政権下の司法省は分割なしでマイクロソフトとの和解案に応じた。

これから何が起こるのか予兆する一件だった。かつて世界でもっとも強力で、もっとも苛烈だったはずのアメリカの反独占法は、この件を境に深い冬眠につき、現在にいたるまで適切に執行されてはいない。

第6章　新自由主義のゆるがぬ勝利

新自由主義の台頭

自然界の波と同じように、知的な潮流も同時期に発生したからといって、同じ方向へと流れていくわけではない。そうではなく、知的な潮流もまたそれぞれ独自の方向に向かって流れていき、時にはひとつになって流れを速めもすれば、勢いを相殺する場合もある。

一九九〇年代がまさにそうした時代だった。企業集中と世界的な独占について考えをめぐらせるとき、その流れがとくに際立っていた。当時、競争法は絶頂期を迎えていたと言っていいだろう。公正で自由な市場競争を目ざす「競争法」*は世界中に広まり、ヨーロッパでは法律の強化が図られた。束縛から解き放たれた資本主義は災いをもたらすという基本の前提が多くの国で受け入れられ、先進国であればほぼすべての国が、欧米の独占禁止法を手本にして独自の反独占法を制定していた。

しかし、その一方で奇妙なことが起きていた。独占禁止法の制定が広まるにつれ、法律そのものは牙をしだいに抜かれていき、その効力を失っていった。なぜこのような事態になってしまったのだろうか。その理由を正しく知るには、いま進行しているイデオロギーの転換――つまり、オルド自由主義に対する新自由主義《ネオリベラリズム》の勝利について理解する必要があるだろう。

新自由主義はオルド自由主義に対抗してきたイデオロギーだった。オルド自由主義は西ドイツが独占禁止法を採用する気運をうながし、最終的に欧州連合競争法が制定される。オルド自由主義も新自由主義も政治と経済、市場をめぐる自由を重んじ、男女を問わず経済活動を追求できる自由市場の必要を認めていた。だが、両者の決定的な違いも自由をめぐる点にあった。前述したように、剝き出しの自由は、その自由によって自由そのものが破綻してしまう。言い換えるなら、市場競争が担保されていない開放経済はやがて独占経済に変貌する。

政治も同じで、保護されていない民主主義はやがて専制政治に変わっていく。ドイツのオルド自由主義者は、一九三〇年代を通じて自国の経済と政治が変貌していく様子を目の当たりにした。その結果、人間の自由を脅かさないよう、国家が介入して経済と市民の自由を守らなくてはならないと考えるようになった。

オルド自由主義のこうした理念とは対照的に、新自由主義はどのような形であれ、経済に対する国家の介入について異を唱えた。だが、一貫して反対してきたというわけではない。少なくとも初期の新自由主義は反独占を説いていた。フリードリヒ・ハイエク[**]は、新自由主義とは全体主義国家の台頭をは

＊競争法：独占禁止法や反トラスト法など、市場における公正で自由な競争の実現を目ざす法律は一般に「競争法」と呼ばれている。

＊＊フリードリッヒ・ハイエク：一八九九〜一九九二年。オーストリアの経済学者。独自の貨幣的景気理論を提示するとともに、自由主義思想の究明と発展に寄与した。一九七四年にノーベル経済学賞受賞。主著は『景気と貨幣』『資本の純粋理論』。

ばむ手段で、それ自体が反独占的なイデオロギーだと考えていた。[1] オルド自由主義者やアメリカ政府と同じように、ハイエクもまた独占と国家権力が結びついて深刻な危機が生み出されると考えていた。

しかし、一九七〇年代から八〇年代を通じて反政府を唱える新自由主義のイデオロギーが受け入れられていくにつれ、驚くような変化が起きていた。独占に対する抵抗を捨ててそれを容認したばかりか、政府が独占を後押しすることを認めるようにさえなっていた。政府の独占支持を容認するなど、それは新自由主義の起源をにべもなく否定することであり、信じがたい光景だった。この第6章で説明するのは、独占禁止法を生み出したアメリカという国でこうした変化がどのようにして始まったのか、それに関する物語である。

アーロン・ディレクターとシカゴ学派

アーロン・ディレクターは、反トラストを主張する新保守主義の思想「シカゴ学派」の父に相当する人物だ。きわめて謎めいた人物で、著作らしい著作はほとんど残さなかったが、多くの教え子を育て、二十世紀後半の法思想に与えた影響を踏まえると、この人物に匹敵する研究者はまずいないだろう。一九〇一年に帝政ロシアのウクライナで生まれ、その後、両親とともにアメリカに移住、オレゴン州ポートランドで成長した。一九二〇年代に東部に移ってイェール大学に進み、在学中、社会主義に熱中し、友人のマーク・ロスコ——アメリカの抽象表現主義の代表的な画家——といっしょに左寄りの風刺雑誌を匿名で創刊するほど入れ込んでいた。

しかし、一九三〇年代になると、ディレクターは社会主義思想への関心をなくす。シカゴ大学では労働経済学を研究し、さらに一九四〇年代後半には法学の学位や経済学の博士号を持っていなかったにもかかわらず、シカゴ大学で反トラスト法について教鞭をとるようになった[2]。大学院で経済学に関する広範な教育は受けなかったものの、むしろ本人にはそれが幸いしたようだ。市場それ自体が自律的に正しく機能するという考えが右派と左派の双方の経済学者から否定されていた時期に研究を始めることができた。産業組織論の研究で知られた経済学者のドナルド・デューイが書いているように、「アメリカで教育を受けた著名な経済学者は、戦間期を通じ、反トラスト法のすばらしさについて誰一人として論じようとしなかった[3]」。

自由経済を重んじる学者は、巨大企業の支配力に対抗する手段として反トラスト法を支持する傾向があった。一方、保守派の経済学者は、独占企業と政府が結びついて中央計画経済がもたらされ、その結果、ハイエクが説いた「隷属への道」が開かれることを恐れた。なかには、独占それ自体が経済的自由への脅威だと考える学者がいれば、独占のせいで、国有化だけでなく、少なくとも規制をさらに強化する格好の口実を政府に対して与えてしまうと懸念する者もいた。アメリカの保守派経済学者でシカゴ学派の重鎮ジョージ・スティグラーは、一九五二年に「巨大企業を解体することは、競争力に富んだ企業による経済を支える一方で、政府の管理へと向かう流れを反転させるためにも必要[4]」と書いていた。

ディレクターの大いなる構想は、単純明快な点で優れていた。当時、現実的ではないとして大半の経済学者が見向きもしなかった古典的な価格理論を使い、アメリカの反トラスト法は「消費者利益」

の点でむしろ逆効果だと非難していた。このように非難することでディレクターは消費者の支出行為に現れる見込みが、需要を測定する手段に高められると考えていた。つまり、低価格であるかどうかで需要が判断できる。

ディレクターは、ブランダイスのように独占企業を分割したり、市場競争を保護したりすることは、単に競争力や効率におとる企業を、消費者に低価格の商品を提供できる効率的な企業から守るだけに終わってしまうと危惧していた。彼にすれば、かりにひとつの巨大企業が他の会社を残らず市場から締め出すおそれがあるにしても、法律が唯一問題にすべきはその結果、消費者価格が上昇するのか、それとも低下するのかだった。それ以外の問題は考えること自体が無意味だった。価格こそディレクターにとって唯一の問題だったのである。

このような考えを唱えたことで、当時、ディレクターや彼に代表される「シカゴ学派」の研究者について〝過激派〟だと非難する者もいた。[5]影響力を高めるために、ディレクターが必要としていたのが法律に通じた者だった。幸いなことに、自分の教え子のなかに打ってつけの人物がいた。能力に恵まれ、信義にも厚い法律家で、その名前をロバート・ボークといった。

シカゴ学派の先兵、ロバート・ボーク

ロバート・ボークはアメリカではいまでもよく知られた人物だ。一九八七年、レーガン大統領が連邦最高裁判事としてボークを指名したが、過激な右派思想の持ち主であったことから、民主党多数の

上院によって否決された。ニクソン政権では訴訟長官〔最高裁判所で政府側の弁論を担当する官職〕を務めた。絶えず極端なものにひかれてきた人物らしく、学生時代、自分は社会主義者だと公言して家族やクラスメートを驚かせ、在学中は社会主義思想を守り抜いた。もともと、アーネスト・ヘミングウェイのようなノンフィクションも書ける作家になるのが夢だった。ヘミングウェイのように、ボークもボクシングを好み、一九四四年には念願の海兵隊に入隊できたが、従軍することはなかった。

ロースクールに入学した一九五〇年代には、社会主義への情熱はすっかり冷め、自分はニューディール政策を支持する自由主義者だとボークは考えるようになっていた。当時のボークはそのような人生を送り、シカゴ大学でディレクターの授業を受けることがなければ、そのまま変わらずにいたのかもしれない。

学期が始まり、ディレクターの授業を受けたボークは、のちに彼が語る〝改宗〟を経験する。[6]「アーロン・ディレクターは貨幣理論を説くことで、私が抱いていた社会主義の夢を徐々に粉砕していった」[7]とボークは当時について述べている。ディレクターの言っていることは正しい。とくに、反トラスト法がこのまま生き永らえてしまうようなことにでもなれば、事態を誤った方向に導いていくと信じるようになった。やがて自分はディレクターの忠実な「イェニチェリ」*、つまり戦士だと自称する

＊イェニチェリ：少数精鋭で知られる誇り高きオスマントルコ帝国の親衛隊のこと。「イェニ」はトルコ語で「新しい」、「チェリ」は「兵士」の意味。

までになる。[8] 社会主義から一転して、自由市場を重んじるリバタリアニズムに乗り換えた事実からうかがえるのは、ボークという人物は振れ幅の大きい、極端から極端の世界に生きる人間で、確固たる立場にあることを好んだということだ。その点については本人も胸を張ってよどみなく語っていた。さらに言うなら、ディレクターや他のシカゴ学派の経済学者とは異なり、ボークは第一級の法律家であると同時に、説得力に富んだ文章を書ける才能にも恵まれていた。

　ボークがシカゴ学派として果たした貢献は、ディレクターの理念を取り上げ、それをディレクター一人の思想にとどめず、実際の法律として立法化しようと唱えた点にあった。シカゴ学派の仲間とともに、反トラスト法は実際には反独占ではなく、唯一の問題とは価格だというゆるぎない現実を唱えた。一九六〇年代にボークがはじめてこの理論を披露したとき、世間からは荒唐無稽で、正気の沙汰ではないと見なされた。しかし、ボークのこうした考えは、それから二〇年とたたないうちにアメリカの法律として認められる。

　ボークはディレクターが説く福音をこの世に広めようと努めた。アメリカの法律が目ざす唯一の目標は、消費者利益のために商品価格をさげることだと説いたが、その主張を否定する証拠は山ほどあった。そんな証拠を突きつけられても、決して動じないのがボークの真骨頂だった。また、ボークが目的を果たせたのには理由があった。一九六〇年代後半のアメリカで広がり始めたばかりの大きな時代の胎動に、ボークはシカゴ学派の理論をたくみに結びつけた。その胎動とは、ロナルド・レーガンのような人物に代表される保守主義への気運の高まりで、政府には国としてのモラルを高めるように説き、経済については規制を緩和するよう求めた。

さらにボークは自身の考えを保守主義対自由主義の価値観をめぐる戦い、すなわち文化戦争に結びつけ、中間層に属する多くの法律家に訴えた。反トラスト法はまともな法律ではなく、リベラル派の独りよがりにすぎず、法律としては不完全で、好ましい結果をもたらすものではない。一方、価格要因の経済分析こそ正しいものであり、嘘偽りのない理論だと説いた。こうした調子で説明することで、ボークは法解釈の方法にそれまでにはなかった、ある種のモラリズムを根づかせようとしていた。実を言えば、法律家や判事はいつも気をもんでいる人種で、とくに世間体については人一倍気にしている。そうした法律家に対し、ボークらシカゴ学派は判決をくだす際に威厳と科学的で正確な体裁を備える方法を授けることになった。このようにして、一九七〇年代から八〇年代にかけ、シカゴ学派はのちに新自由主義者として知られるようになる者たちの中心層に食い込んでいった。

シカゴ学派の三段論法

一九七〇年代、シカゴ学派が知的潮流の周辺に置かれていたとするなら、主流を占めていたのはいわゆる「ハーバード学派」と呼ばれるグループだった。そのなかでもとくに有名だったのがドナルド・ターナー*とフィリップ・アリーダ**の二人だった。二人の書き残した論文は、アメリカの独占禁止法に関して、もっとも影響力のある指針を示しているとしていまも読み継がれている。

法律家にも彼らならではの文化がある。シカゴ学派と新自由主義者たちは、法律家の中心層を占める開業弁護士や判事を納得させることで、ハーバード学派との文化戦争に勝利した。弁護士や判事らは価格要因の経済が授けてくれる世間体のよさを求めた。徐々にではあったが、シカゴ学派の理論はアメリカの法律に浸透していき、ついには独占問題の核心にまで達する。ここにいたってアメリカの法律は、それまで伝統とされてきた基盤を打ち壊して急激な変化を遂げ、なんの前触れもないまま、独占企業の行為についてきわめて寛容になってしまった。

シカゴ学派に言わせると、現代の独占企業はどうしようもないほど誤解されてきた。前世代とは違い、現在の独占企業は何をしでかすのかわからない恐ろしい野獣ではなく、それどころか気のいい臆病な生き物で、さながら穏やかな巨人のようだ。あらゆる活動は善意に基づき、新たな競合企業の登場におののきながら暮らしている。競合企業の息の根を実際に絶ったにしても、それでもなお、犠牲となった相手を考えてみずからを抑えてきた。そうした点を踏まえれば、好きなように商品価格を引き上げたり、あるいは平然と競合他社を破綻に追い込んだりするようなまねはしない。この理屈はAT&Tの分割に際し、同社を擁護するために説かれた。しかし、AT&Tという企業はアメリカ史上もっとも強固な独占市場を生み出した企業のひとつでありながら、潜在的な競合企業を恐れるあまり、明らかに思いつくかぎりの不正行為を行っていた。

独占企業の不正行為については、これもはなはだしい誤解にすぎないと説いていた。不正どころか、独占企業の行為は、実はどれをとっても最善至福の理由に基づいて行われたのだと唱えた。次々と発表されたシカゴ学派の論文は、純粋に価格理論をベースにしており、理論を実現する戦略的配慮（もちろん具体的な証拠も）は無視されてきたが、こうした論文が説いていたのは、企業は市場を支配したからといってとくに何かを得たわけではなく、市場を独占することでより効率よく企業活動を行っていたと主張した。結局、シカゴ学派のある信者が言っていたように、「もっとも効率的な経済構造だからこそ、この経済システムが用いられている」[9]と誰もが考えているはずだ。

理論から実践への飛躍もそれまでにはない斬新さだった。理論上成り立たないものは、現実にもありえないとシカゴ学派は主張した。つまり、「銀行強盗は経済学的には非合理的な行為である。警備が厳重でリスクに対するリターンは小さいからだ」。したがって、「銀行強盗というものは発生しない」。ゆえに「刑法は必要としない」という三段論法と同じだった。こんなふうにいささか誇張するだけで、ボークとシカゴ学派が三〇年以上の年月をかけて考えてきた理論の核心に触れることができるだろう。

たしかに、シカゴ学派のこうした理論はビル・クリントン政権のもとで勢いを削《そ》がれ、マイクロソフトは分割寸前にまで追い込まれた。しかし、それも数年間のことにすぎず、結局、わずかな遅滞をもたらしただけに終わり、次のジョージ・W・ブッシュ政権を迎えると、シャーマン法をはじめとす

＊ドナルド・ターナー：一九二一～九四年。反トラスト法の研究で知られる法律家、経済学者。ハーバード大学ロースクールで長く教鞭をとった。一九六五年から六八年には反トラスト局の司法次官を務めている。

＊＊フィリップ・アリーダ：一九三〇～九五年。法学者。ハーバード大学ロースクールの教授で反トラスト法を専門とした。アリーダとターナーの二人の名前を冠した「アリーダ・ターナー基準」は略奪的価格の違法性に関する経済分析。

る反独占を謳ったアメリカの法律は深い冬眠についてしまい、現在にいたるまで目を覚まそうとはしない。前述したように、マイクロソフトとの和解案に応じてから、ブッシュ政権下の司法省は独占禁止法の執行を完全に停止し、八年におよんだブッシュ政権のもとで、独占禁止法に基づく訴訟は一件も行われず、大型の企業合併についても規制がかけられることはなかった。

なしくずしにされた戦後の教訓

シカゴ学派というウイルスはやがてヨーロッパにも広がっていった。すでに見てきたように、ヨーロッパの競争法はオルド自由主義という前提のもとに成り立ち、市場競争に基づく経済は国民の自由を担保し、独裁者の台頭をはばむ緩衝装置として機能すると考えられてきた。しかし、一九九〇年代になると、欧州委員会（EC）も欧州連合競争法をめぐって、「消費者利益」をなにより考慮すべき目標にするという独自の解釈を進んで採用するようになった。

　そのヨーロッパでロバート・ボークが唱えた文言がはじめて使われたのは一九九七年のことで、グリーンペーパー*に「消費者利益」と「低価格」こそ、委員会が活動する目標だと書かれていた。[10] さらに二〇〇五年には、近代化構想の一環として、「消費者利益を強化する」ことと「資源の効率的な配分を確実にする」[11] ことこそ委員会が活動する最終的な目標だと広く宣言されていた。

　一九三〇年代のオルド自由主義者も、低価格の維持は消費者にとって重要で、有益な政策だと同意しただろう。しかし、低価格を維持すれば企業集中が妨げられるなどと理由づけするこの考えは拒んでいたはずだ。彼らにすれば、そうした考え自体があまりにも荒唐無稽すぎた。当時彼らは、人間の自由の侵害をリアルな問題として懸念し、極端な企業集中が経済にもたらした危険を目の当たりにしていたからだ。個人の存在を脅かすものとして、彼らは企業の集中を恐れていた。

二〇〇五年の欧州委員会による変更は、アメリカのリベラルなテクノクラートたち、すなわち高度な専門的知識を持った高級官僚と同じように善意に基づいていた。そして、アメリカがそうだったように、最終的な目標はテクノクラートによる政治の拡大であり、しかも〝厳密〟に推し進めることだった。「私企業の権力」や「経済的な自由」は容易に定量化できるようなものではないが、テクノクラートは科学的な確実性を求めた。ヨーロッパでは新しい基準にしたがい、経済学者にそれらの計量化を行わせ、どのような経済行為が正当で、どのような行為が不当であるのかはっきりさせた。こうすることで法律は正確に運用され、科学的な厳正さと予測が担保されると考えられていた。

しかし、消費者利益を図る使命において、この事業はアメリカとヨーロッパの双方で失敗に終わる。市場競争のダイナミズム、イノベーション、製品の品質、低価格など、課題とされた問題の大半は容易に測定できるようなものではない。政府は厳密さを求めたが、いきついた先は無為無策にすぎなかった。唯一予測できたのは、法律で執行しようにも、系統立った措置が十分ではない事実だ。企業は

＊グリーンペーパー：特定の政策決定において公的機関が「議論のたたき台」として提出する提案書のこと。この提案書をもとに議論した決定事項がいわゆる「白書」（ホワイトペーパー）になる。

間もなくこれに気づき、腕のいい弁護士と経済の専門知識を持つ者がいれば、新しい基準は懐柔でき、最悪の場合、いくつかの条件に応じれば政府は放っておいてくれることを学んでいった。「消費者利益」という基準が多くの国で採用された結果、たくさんの問題が発生した。なかでもとくに際立った問題がひとつあった。企業が立て続けに合併を繰り返したことで、企業集中が高まり、しかもその事実が容認されてしまった問題だ。テクノクラートとは異なる世代の人間にすればこのような合併は衝撃的で、オルド自由主義者やブランダイスの理念を信じる者にすれば、とうてい受け入れられるものではなかっただろう。

たかだかひと世代の違いだとはいえ、経済や金融のグローバリゼーションの勢いに力を得て、私たちは国内外を問わず、世界のあらゆる国で企業の合併を目にするようになった。それ自体が信じられないような光景で、競争市場や経済の自由という理念を愚弄するものにほかならない。その一方で合併によって巨大化した企業は、中小の事業主と労働者に対して激しい圧力をかけ続けている。これこそ、私たちが生きる時代の巨大企業の呪いという現実なのだ。

第7章　グローバル化時代の独占問題

独占が進む世界のメガネ市場

普段使いのメガネしか買ったことがない人の目には、ブランドもののメガネやサングラスの小売という仕事は、他社との競争がきわめて激しいビジネスに映るかもしれない。たとえばサングラス・ハット*のような専門店をのぞいてみると、アルマーニ、レイバン、ティファニー、DKNY、バーバリーをはじめ、たくさんのブランドサングラスが並んでいる。さらに男性用・女性用、偏光レンズを使った商品、スポーツサングラスなどのさまざまなタイプのサングラスが売られている。

一見すると品ぞろえ豊富な健全な市場のように思えそうだが、実はメガネ市場は見た目と内実はまったく異なる。おそらく気づいてはいないだろうが、こうした有名ブランドのメガネはたった一社のメーカーがブランドを保有、もしくは排他的なライセンス契約を結んだうえで製造したもので、足を踏み入れたメガネ店さえ、このメーカーが所有している店舗であるかもしれない。この会社――ルックスオティカは、メガネ産業の世界的な独占企業だ。

メガネの粗利率がどれくらいか知っている方はおそらくいないだろう。小売の基準からすればメガネの粗利率は突出しており、場合によっては原価の5000パーセントを超える場合もある。二〇年前から、中国製のメガネが参入して、メガネそのもののコストがさがり、さらに製造技術も進歩してメガネの製造自体が効率性を高めてきた。にもかかわらず、価格はさがるどころか上昇を続けている。

効率よく製造されるようになれば、その恩恵は消費者に還元されるという考えとはまったく逆の現象が起きている。

ヨーロッパ、あるいは北アメリカや南アメリカで暮らす人なら、度つきレンズのメガネはおそらく一二五ドルから四〇〇ドルのあいだ、どんなに高くても八〇〇ドルで購入しているはずだ。しかし現在、それなりの品質のメガネフレームは原価四～八ドル程度で、最高品質のものでも一五ドルで製造できる。その点はレンズも同じで、きわめて高品質なレンズといえども製造原価は一ドル二五セント程度にすぎない。さらにわかりやすく言うなら、八ドル程度の原価で作れるサングラスを二〇〇ドル以上で買うことも珍しくはない。あるいは、原価一六ドルの度つきメガネが四〇〇ドルで売られている。[1]私たちがいま暮らしているのは、実はこうした経済のもとにおいてなのだ。

本来なら価格は下降して当然のはずなのに、その価格が上昇を続けているなら、これは何か深刻な問題が起きているからである。そして、これこそ地球規模で進行しつつある、世界的な独占という問題の兆候で、グローバリゼーションがもたらした予想外の副作用であり、とてもではないが擁護できるたぐいのものではない。ルックスオティカがやっていることとは、世界的なサプライチェーンをた

＊サングラス・ハット：検眼士のスタンフォード・ジフが一九七一年にアメリカのフロリダ州マイアミで設立したサングラスおよびサングラス関連アクセサリーの専門店。世界各地に出店し、アメリカ本土だけでも一五〇〇店の店舗を展開している。

くみに使い、中国のメガネ製造業とヨーロッパやアメリカのブランドをうまいぐあいに結びつけ、そうしてできた商品を世界規模で展開する小売店を通じて販売している。グローバル・サプライチェーンでたしかに価格の低減が実現した――これはグローバリズムが唱えていた約束のひとつだった――が、低減にともなう粗利益を消費者やおそらくそこで働く労働者には還元しなかった。企業は高価格を維持したまま、あるいは市場が耐えられる限界まで価格をつりあげ、その利益を自分たちのものにしている。これこそルックスオティカに代表される世界的な問題であり、さらに言うなら、現在のところ、世界はこの問題に対する解決策を持ち合わせていない。

ルックスオティカの物語とは、世界的に展開されてきた合併物語のひとつである。

ルックスオティカは一九六一年にイタリアで創業した。世界のメガネ市場の支配に乗り出したのは一九九〇年で、この年、イタリアのヴォーグ・アイウエアを買収[2]、さらにレイバン、サングラス・ハットを買収して傘下に収めると、度つきメガネの世界的な小売店であるレンズクラフターズを買収した。その後、販売部門で存在感を増していき、オーストラリアのシドニーを拠点とするオセアニア地区最大のメガネチェーン、ＯＰＳを二〇〇三年に子会社化すると、二〇〇四年にはアメリカのアイケア商品のチェーン店パール・ビジョン、さらにその親会社のコール・ナショナルを買収している。

世界的な競合企業として最後に残っていたのがフランスのメガネレンズメーカーのエシロールだったが、結局、二〇一七年に買収してルックスオティカは合併を果たした。四六〇億ユーロを投じた買収劇だったが、どうしたわけか欧州委員会（ＥＣ）はこれという条件をつけないままこの巨大な合併を承認していた[3]。

経済学者は、独占が企業にもたらす力は、原価をはるかに超える価格をその企業が維持できる点にはっきり現れると言っている。ルックスオティカがまさにそうだ。しかし、メガネにしてもサングラスにしても、実際、さきほど説明したような原価で製造できるなら、名だたるブランドを保有する会社の販売価格をなぜさげさせることができないのか、どうしてルックスオティカに痛い思いをさせられないのだろうか。それは可能なはずだと古典派経済学が説いている点は忘れてならないだろう。

世界中でコピー商品が売られていても、ルックスオティカがこれだけの高価格を維持していけるのは事実だ。欧米はともかく、アジアのメガネ市場ではルックスオティカはいまひとつで、やはり見おとりするのも事実だが、高級なブランドメガネやサングラスについてはしっかりと市場を保持している。これは多くの関連ブランドを保有している点に加え、膨大な数におよぶ小売店の販売力、競合企業に対する容赦ない対応という複合戦略に負っている。

この戦略は二〇〇〇年代にルックスオティカが、アメリカのスポーツサングラスメーカー、オークリーとの競合で身をもって学んだものだった。短い期間だったが、オークリーはルックスオティカに対して値引きでいどんだ。この挑戦にルックスオティカは、自社の小売店からオークリーを締め出すことで対抗した。この対策は功を奏し、オークリーはやがて体力を失っていき、さらに敵対的買収をしかけられ、二〇〇七年にルックスオティカに吸収される。[4] 状況を考えればたぶん驚きはしないだろうが、このときのルックスオティカの一連の対応に対し、当局による真剣な調査が実施されることはなかった。世界的な独占はこのようにして維持されていく。

複占化した世界のビール市場

現在、世界規模の企業集中が進んでいるのは、なにもメガネ業界だけの話ではない。ビール業界はどうだろう。おそらく、この業界は各社がしのぎを削っている激しい競争市場にちがいないと考えているなら、メガネ業界と同じくこの業界に対しても誤解をしている。世界のビール業界の地図は変わり、ベルギーのビール会社インターブリューが三〇年の年月をかけ、ベルギーの一ビール醸造所から世界のビール市場の覇者へとのしあがった。世界的な合併と買収という大々的な構想のもと、アンハイザー・ブッシュ・インベブ（通称ABインベブ）は、これという各地のクラフトビール*の醸造所を数多く買収しただけでなく、世界の主だったビール会社のほぼすべてを支配下に置いていった。

目下のところ、世界の主要なビール会社はABインベブの傘下に置かれているが、そうでないビール会社はABインベブの最大のライバル企業であるオランダのハイネケンに支配されている。ハイネケンはABインベブに次ぐ巨大ビール会社で、やはり世界の主だったビール会社を所有している。

よく耳にする有名なビールブランド、たとえば世界八〇カ国で飲まれているステラ・アルトワ（ベルギー）、ラガービールで有名なフォスターズ（オーストラリア）、やはり世界でもっとも飲まれているビールのひとつバドワイザー（アメリカ）、運河の氷を使って貯蔵するアムステル（オランダ）、一一五二年から修道院で醸造されてきたレフ（ベルギー）などといった有名ビールは、ブランド名はそのままだが、いずれもABインベブかハイネケンのどちらかの子会社になっている。

現在、世界のビール産業は、たしかにアメリカやヨーロッパの一部の国、さらに南アメリカで誕生した新たなクラフトビールの挑戦を受けている。クラフトビールが多くの人たちに好まれているのは、やはりほかのビールよりも味がいいからで、味については大手ビールメーカーが長年にわたって無視できた問題だった。

しかし、ABインベブとハイネケンの両社は、寝ているクラフトビールの醸造所をわざわざ怒らせるようなまねはしなかった。そのかわり両社は、規制がゆるくなった法律を使い、クラフトビールの最大手を買収し、自社のクラフトビールが勝ち組という印象を高めてきた。その結果、世界の多くの国で、もっとも売れているクラフトビールもまた両社の支配下に置かれるようになり、市場競争はますます鈍化している。そうしている間にもABインベブは、クラフトビールを比較して格付けをしているウェブサイトの買収に乗り出し、ビール市場の健全性はこれまで以上に損なわれようとしている。

このような世界的な合併戦略にともなう大きな問題のひとつは、M&A（合併と買収）の対象企業の国では、当局が効率よく対応できる権限が不足している点があげられる。すでに独占企業が存在している国（たとえば、セルベッサ・キルメスの母国アルゼンチン）では、世界的な独占企業による企業買収は非競争的行為として認定されていない。ABインベブがイギリス最大手のSABミラーを買収した二〇

＊クラフトビール：クラフトビールについて明確な定義はないが、一九七〇年代以降に設立され、小規模で独立資本、伝統的な手法に基づいてビールを製造する醸造所を意味する場合が多い。

ABインベブの企業統合の系譜

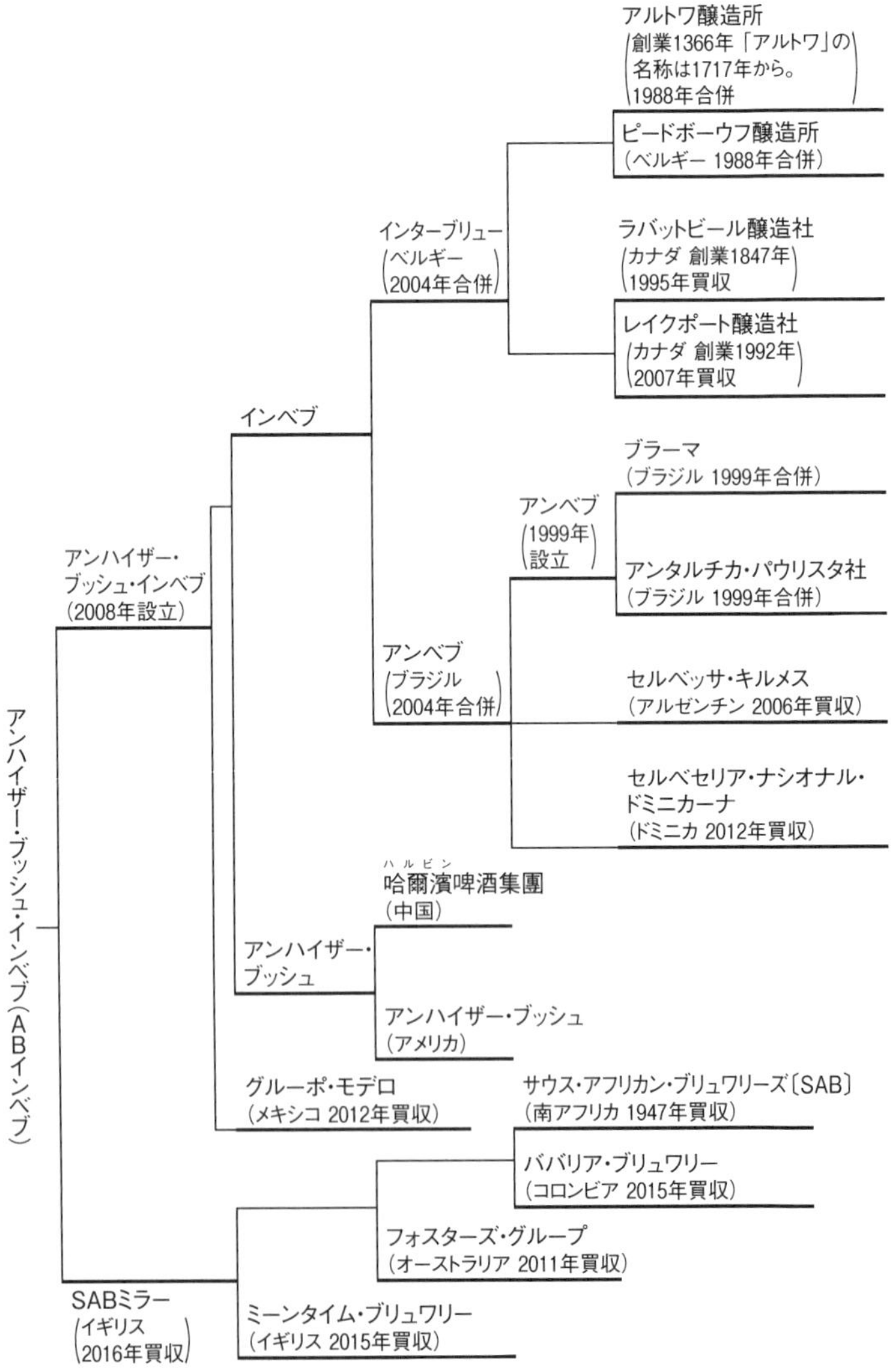
アルトワ醸造所
（創業1366年「アルトワ」の名称は1717年から。1988年合併）
ピードボーウフ醸造所
（ベルギー 1988年合併）
ラバットビール醸造社
（カナダ 創業1847年 1995年買収）
レイクポート醸造社
（カナダ 創業1992年 2007年買収）
インターブリュー
（ベルギー 2004年合併）
インベブ
ブラーマ
（ブラジル 1999年合併）
アンベブ
（1999年設立）
アンタルチカ・パウリスタ社
（ブラジル 1999年合併）
アンベブ
（ブラジル 2004年合併）
セルベッサ・キルメス
（アルゼンチン 2006年買収）
セルベセリア・ナシオナル・ドミニカーナ
（ドミニカ 2012年買収）
アンハイザー・ブッシュ・インベブ
（2008年設立）
哈爾濱《ハルビン》啤酒集團
（中国）
アンハイザー・ブッシュ
アンハイザー・ブッシュ
（アメリカ）
グルーポ・モデロ
（メキシコ 2012年買収）
アンハイザー・ブッシュ・インベブ（ABインベブ）
サウス・アフリカン・ブリュワリーズ〔SAB〕
（南アフリカ 1947年買収）
ババリア・ブリュワリー
（コロンビア 2015年買収）
フォスターズ・グループ
（オーストラリア 2011年買収）
SABミラー
（イギリス 2016年買収）
ミーンタイム・ブリュワリー
（イギリス 2015年買収）

一六年の時点で、両社のアメリカのビール市場における売上をあわせると75パーセントを占めていた。[5]アメリカの司法省はこの数字にただちに反応し、アメリカ国内における両社の合併による弊害を手際よく防いでいた（アメリカ国内のSABミラーの合弁会社、ミラーク・アーズ社の売却を命じた）。

そのような措置が講じられたとはいえ、新会社は同じベルギーにあるABインベブで、本部も同じだ。ビールの値段はたしかにさがったが、その後、ふたたび上昇に転じた。それも驚くようなことではないだろう。

以上の話は、世界経済に影響を与えた国際的な独占と重い意味を持つ合併のほんの二例にすぎない。さらにいくつかの例について見ていくことにしよう。

世界の化学産業業界

第二次世界大戦が終結すると、連合軍はドイツのIG・ファルベンを解体した。前述したように、IG・ファルベンは合成ゴムなどを大量生産して、ヒトラーが戦争を遂行するうえで主要な役割を果たしたカルテルだった。チクロンBを製造する一方、強制収容所を運営していた史上唯一の民間企業でもある。戦後、IG・ファルベンは六社に解体されたが、そのなかからバイエル*、ヘキスト**、BASF***の三社が世界に冠たる巨大企業へと成長していく。[6]

各社とも合併や買収を繰り返してきた。早送りをして現在の様子を見てみると、バイエルは二〇一八年にアメリカの巨大化学メーカー、モンサントの買収を完了、この買収によって遺伝子組み換え種子、化学肥料、化学薬品を結合した世界最大の企業が誕生する。[7] 化学産業は世界的な寡占化が進んでおり、ダウとデュポン[8]（いずれもアメリカの化学メーカー）の合併、またスイスのシンジェンタが中国化工《ケムチャイナ》集団有限公司に買収されたことで、[9] これにＢＡＳＦを加えた四強体制になっている。

航空業界

「規制緩和」によって航空料金は安くなると多くの国で言われたが、この業界でも合併が広範に行われたことで、規制緩和の効果は相殺されてしまった。たとえばアメリカでは、主要航空会社はアメリカン航空、デルタ航空、ユナイテッド航空に集約されてしまった。これまでの運賃は維持されているが、機内の席を小さくして座席数を増やしたので実質運賃は上昇している。

電気通信業界

世界中の国々で携帯電話事業者の合併が許可され、市場は巨大化した限られた数社によって占められている。たとえば、欧州委員会（ＥＣ）はオランダとイタリアの携帯キャリアの統合を承認した。インドの携帯市場は合併によって主要四社に統合された。さらにアメリカでは二〇一九年に事業者の巨大合併を政府が承認したことで、全国規模の事業者は三社になっている。

第五世代移動通信システムをめぐる世界の「５Ｇ競争」の物語は、通信事業者を二〜三社に統合する正当性を裏づけるために頻繁に引き合いに出されている。この競争に勝つには巨額の投資が必要で、そのためには事業者は巨大な企業でなくてはならないという前提だ。しかし、企業集中で市場が二～三社の寡占状態におちいれば、価格操作はこれまでにもまして容易にできるようになる点を見落としてはいけない。

製薬業界

かつての製薬業界はかなり細分化されていた産業界だったが、一九九五年から二〇一五年にかけて大規模な統合が進み、何千もの合併や買収が行われた結果、六〇社あまりの企業からなっていた世界的な製薬市場は、一〇社程度にまで集約されていた[10]。そうした再編が進んでいたころ、アメリカ国内

＊バイエル：創業一八六三年の世界的な製薬会社。アスピリンやヘロインなどの生産で知られる。カルテル解体後は単体として事業を再開した。

＊＊ヘキスト：総合化学会社で一八六三年に染料会社として設立された。解体後、世界有数の製薬会社に成長する。

＊＊＊BASF：創業一八六五年の世界最大の総合化学メーカー。BASFは「バーディシェ・アニリン・ウント・ゾーダ・ファブリーク」（バーデンアニリン炭酸化工）の頭文字にちなむ。

では、処方薬の取得について、問題を起こしそうな新たな方法が政府の執行機関によって認可された。この方法を使えば、価格をつり上げられる独占の利点につけ込み、悪用を第一にたくらむ企業でも処方薬を販売することができる。実際、この方法で薬価が一〇倍どころか六〇倍にまで上昇した例もあった[11]。

なかでももっとも有名な例は、マーティン・シュクレリ*という抜け目のない青年が手がけた一件だ。シュクレリは「ダラプリム」という六〇年以上前に開発された免疫不全症候群やガンの治療薬の製造権利を買収すると、ただちに独占力を利用して値上げを行い、一錠一三・五ドルだった薬の価格を七五〇ドルにまで跳ね上げた。しかし、ダラプリムの値上げは似たような経済活動――こうした行為に対して公的な異議が申し立てられた例は皆無――のほんの一例にすぎず、実際、この原稿を書いている時点で、ダラプリムの価格は依然として変わっていない。

反競争的合併を禁じる法律がこれほど多くの国で整備されているにもかかわらず、「なぜ」というより「どうやれば」このような事態を引き起こせるのだろう。どうして、バラク・オバマ政権のもとでダラプリムの価格高騰問題は起きたのだろうか。オバマは反独占に取り組むことを公約に掲げ[12]、欧州委員会も独占には「果敢に取り組む」のが流儀だったはずだ[13]。かつてオルド自由主義が強い影響力を持っていたヨーロッパで、なぜ、一九三〇年代の危険な経済構造がふたたび出現する状況を許してしまったのだろうか。

実を言えば、それほど多くの国がシカゴ学派と新自由主義の思想を経済活動の基本路線として受け入れ、その結果、独占禁止法の執行力が深刻なほど弱まったからなのだ。現実離れしていても、ロバート・ボークが説いた理念——経済分析に基づく理論に厳密にしたがうことは、むしろ好ましい特質——はいまや支配的なイデオロギーになっている。価格理論と消費者利益は大きな影響力を持つようになり、政府に対しては、消費者価格の観点からすれば独占は悪影響しかもたらさない事実をためらわずに立証せよとの声が高まっている。

過去一〇年間に行われた合併について多くの問題が見過ごされてきた。しかし、そうしたなかでももっとも大きな問題は、こうした産業界ではなく、別の産業界に存在する。その産業界こそテクノロジー業界だ。テクノロジー業界の統合は規制らしい規制がまったくないまま認められ、〝新たな〟インターネット産業はそれまでになかったタイプの独占企業体に変貌を遂げた。そして、その独占企業体は、過去のどの独占企業にもまして絶大な権力を手にする可能性を秘めている。

＊マーティン・シュクレリ…一九八三年生〜。アメリカの投資家・起業家で、製薬会社チューリング・ファーマシューティカルズの創立者・元最高経営責任者。ダラプリムの価格引き上げで世間の不評を買い、「アメリカでもっとも憎まれている男」と呼ばれる。二〇一八年に禁固七年の有罪を宣告され、現在、連邦刑務所に収監中。ただし、罪状は薬価のつり上げではなく、証券詐欺罪に対するものだった。

第8章　ビッグテック台頭

〝巨大〟とは無縁だったはずの業界

ウェブやインターネットが登場して普及した一九九〇年代と二〇〇〇年代、私たちはみな新たな黄金時代が到来したのだと感じていたものだ。ウェブやインターネットによって想像もできなかった社会が生み出され、ビジネスのルールにとどまらず、人類がそれまで直面してきたあらゆるものに変化がもたらされた。〝サイバースペース〟では、個人の人間関係はもちろん、個々の人間のアイデンティティー、コミュニケーションの流儀などあらゆるものが違っていた。論理的に考えれば、これらはビジネスや経済活動の指針となる原理そのものが変化したことを示唆していた。

個人が運営するちっぽけなブログが、二〇〇〇年代になって既存の大手メディアを出し抜くなど誰が想像できただろうか。どこの馬の骨かもわからないスタートアップ企業が現れ、一夜にして何百万ものユーザーをとりこにし、その企業の創設者や従業員はそれまでの経済界の大物実業家《タイクーン》よりもはるかに巨額の富を手に入れた。

当時の雰囲気をもっともうまく言い尽くしていたのが、作家のジョン・ペリー・バーロウ*だった。一九九〇年代、バーロウはサイバースペースに関心がある者たちに向かい、「思い描いてみてほしい。こっそり忍び込んでも痕跡を残さない場所を。何度も何度も物を盗もうが、そもそもそれを生み出した持ち主はなにひとつとして失わない場所を。これまで耳にしたこともないビジネスが、個人の私的な履歴を乗っ取ることができる場所を。子どもたちだけが心からくつろげる場所を。物理学とは物質の本質ではなく、思考の本質を学ぶ学問を意味する場所を。そして、あらゆる者にとって、プラトンの洞窟**の影こそが現実とされる場所を」[1]と迫った。

またたく間にすべてが変わり、混沌が続いた。未来永劫居続けられる場所などどこにもなかった。ある日、AOLが接続サービスを支配して全権を握っていた。翌日には数々のビジネス書がAOLの数々の失敗を取り上げて嘲笑していた。ネットスケープはロケットのような急激な成長を遂げたが、結局、（マイクロソフトが到達したような）軌道には達せずに失墜した。ソーシャルメディアを開拓したマイスペースは〝事実上の標準《デファクトスタンダード》〟としてあらゆる人が利用したが、フェイスブックの登場とともにその姿はあらゆる場所から消えた。

こうした混沌を考えると、新たな経済のもとでは「巨大さ」——企業の経営規模——はもはや意味

---

*ジョン・ペリー・バーロウ：一九四七～二〇一八年。アメリカの詩人、政治活動家。自由な言論の権利をデジタル社会の文脈のもとで守る電子フロンティア財団（EFF）の共同創設者。「デジタル革命の吟遊詩人」と評され、サイバースペースの伝道師として尊敬を集めた。

**プラトンの洞窟：プラトンの『国家』第七巻で述べられている比喩。洞窟のなかで顔を壁に向けてつながれている囚人の話で、背後の火のせいで壁に映る人や動物の影を囚人は実在だと思い込む。洞窟から解放されて火の光に照らし出された影の本体を見ても、影のほうこそ真実だと思い込む。

をなさないように思えてくる。それどころか巨大であることは、時代遅れでむしろ不都合なだけにすぎないように思えた。巨大であることは序列的で、重々しい装置産業を意味するばかりか、俊敏な哺乳類が駆けまわる時代に生息する動きののろい恐竜のようなものだった。シリコンバレーの起業家が唱える、「すばやく動き、破壊せよ」を実現するには、小さな状態のままとどまり続け、いつまでも若々しいままのほうがどうやら有利なように思えた。

テクノロジー産業の興亡からうかがえるのは、サイバースペースでは永遠に続く独占など存在しない現実だ。インターネットそのものが、独占という市場形態に決して与《くみ》しなかった。ビジネスはインターネットと同じ速さで進展していく。起業から三年もすればスタートアップは中年に達し、五年も経過した企業は晩年に突入し、ほぼまちがいなく死期を迎えつつあった。「参入障壁」はすでに前世紀の話になっていた。いまや企業間競争の多くは、たったの「ワンクリックですんでしまう」。

かりにある企業が一時的に市場を支配しても、恐れる必要は何もないように思えた。それまでのような古いタイプの質《たち》の悪い独占のように、彼らについて話すこともなかった。悪辣どころか、新たに誕生した企業はあらゆる人々に対し、夢と希望、企業の良心を世に知らしめるために専念した。情報へのアクセス方法を提供する会社があれば（グーグル）、良書を低価格で売ってくれる会社もあった（アマゾン）。世界的なコミュニケーションを築いてくれた会社もあった（フェイスブック）。しかも彼らは高額な料金を請求せず、時によっては対価さえまったく求めようとはしなかった。グーグルはメールサービスや地図アプリ、さらにクラウドサービスを無料で提供してくれる。そのせいで、フェイスブックやグーグルが提供してくれるビジネスは、ますます慈善事業のように思えた。善意でやってくれるなら、赤十字社を訴えるようなまねは誰もしないだろう。

　性急に変化していく時代、ビジネスや経済は今後もずっと改革されていくと誰もがそう考え、そう思わない人間は単なるへそ曲がりぐらいだった。新たな秩序がもたらされても、それはやがて終わりを迎えるつかの間の局面で、企業もまた市場や新たなテクノロジーについてはそのようなものだとわきまえていると思えた。消費者にとってはいい時代が続いていたし、少なくとも悪い時代ではないと思えた。

　ＩＴ業界では、市場競争による掛け値なしの混沌が続き、参入をはばむ壁も低かった。そうした一〇年が続いたあと、思ってもいない何か途方もないことが起きていた。二〇一〇年代を迎えても、ごく限られた企業――グーグル、フェイスブック、アマゾン――は淘汰されずに残っていたのだ。五年もすれば陳腐化する業界で、こうした企業は破綻や撤退の様子の気配すら感じさせないまま生き残っていた。それどころか、市場に確たる足場を築き、支配する分野でさらに成長を続けていた。

　市場は前触れもなく急変していた。独自の思想に基づいて設計され、あれほどあった検索エンジンがたったひとつになっていた。誰もが買い物に訪れていた多数のエレクトロニックコマース（ＥＣ）も〝あらゆる商品をそろえた店《エブリシング・ストア》〟だけしか残っていない。そして、個人情報をフェイスブックに知られたくなければ、デジタル世界とは縁を切り、世捨て人になるしかない時代に変わっていたのだ。次なる斬新なサービスの提供はとまり、それどころか、既存の企業に変革を迫る新会社も現れなくなっていた。

　不幸なことに、市場競争をうながすはずの当局が、ＩＴブームに沸いた革新の一九九〇年代が終わっていた事実に気づけなかった。当局は、こうしたビッグテックの存在をその後一〇年以上も認め続け、そればかりか、明らかに市場競争をはばむ危険がうかがえる吸収合併に際しても、とめることなく申請を認め続けてきた。その典型こそフェイスブックの成長物語にほかならない。

吸収合併で競合企業を排除

二〇〇四年創業のフェイスブックは、当時、アメリカ最大手のソーシャルネットワーキング・サービス（SNS）だったマイスペースをまたたく間に駆逐した。これほど鮮やかな交代劇は当時のシリコンバレーのテック企業でも前例がなかった。その後、侵害的な広告やフェイクユーザー、アラシ《トロール》の問題に悩まされたが、起業からわずか数年でフェイスブックは世界でもっとも利用されるSNSになった。

二〇一〇年代、フェイスブックは同社にとって最強の敵の挑戦を受ける。その強敵とは二〇一〇年に起業したインスタグラムというスタートアップだった。インスタグラムはスマホで撮影した写真と動画の共有アプリで、手軽なうえにすばやく投稿できた。若い世代に人気があり、いくつもの点でフェイスブックよりも使い勝手がいいことが間もなく評判になる。当時、オンライン・ニュースサイト「ビジネス・インサイダー」の首席ライターだったニコラス・カールソンは、インスタグラムを使えば、「ユーザーがフェイスブックでやってみたいことが、もっと簡単に、さらに手早くできる」[2]と書いていた。

起業からわずか八カ月で、インスタグラムは三〇〇〇万人のユーザーを取り込んでいた。フェイスブックが弱点としていたモバイルプラットフォームをむしろ強みにして、インスタグラムはフェイスブックにとって最大の挑戦者になろうとしていた。インターネット業界のそれまでの原理にしたがえば、この時点で創業から八年目を迎えていたフェイスブックは首位の座をインスタグラムに譲り、衰退していくはずと思われた。

しかし、ＩＴ業界の世代交代の物語はここで強引に中断されてしまう。フェイスブックは避けられない運命の前に屈せず、新たな強敵を買収できる事実に気づいた。社員一三人の会社の買収に要した費用は一〇億ドル〔当時のレートで約八〇〇億円〕、しかし、フェイスブックにすればたかだか一〇億ドルで自社の存亡にかかわる問題が解決できるうえに、優れた人材も確保できた。当時、この買収について雑誌「タイム」は次のように論評した。「インスタグラムを買収することで、フェイスブックはモバイルエコシステムを制覇する本気度を投資家たちに訴え、その一方で新興してきた競合企業を無力化していた[3]」

支配的企業が競合企業を買収すれば、市場の独占を警戒するベルが鳴るはずだ。しかし、アメリカとイギリス両国の規制機関はインスタグラム買収に際して、とくに問題点を指摘しようとはしなかった。この買収劇に関するアメリカの調査報告は公表されていないが、イギリスの報告書は見ることができる。なんとも粗雑な分析だが、それによると次のようになる――フェイスブックには写真撮影用のアプリがない。よってフェイスブックとインスタグラムのあいだにはユーザーをめぐって競合は発生しない。一方、インスタグラムには広告収入がないので、同社もフェイスブックとは競合していない。こうした理由から、この報告書は、フェイスブックとインスタグラムは競合企業ではないという、なんとも破天荒な結論を導き出していた。[4]

どうすれば、こんな馬鹿げた結論が導き出せるようになれるのだろう。十代の若者に聞けば、フェイスブックとインスタグラムはライバル同士だと教えてくれる。SNSのプラットフォームを乗り換えているのは、やはり彼ら十代の若者たちだ。二〇一〇年代の各国政府の当局者はこの程度の理解力しかなかったので、ビッグテックが自社を脅かすと見なした企業を手当たりしだいに買収しても、ただ手をこまねいて何もしようとはしなかった。

それどころか当局は、インスタグラム買収の不手際から何も学んでいなかった。アプリを介してユーザーの利用習慣をひそかに分析したフェイスブックは、ワッツアップこそ自分たちのビジネスに深刻な脅威をもたらす企業だと考え始めていた。インスタントメッセンジャーのアプリを提供するワッツアップは、世界的にも圧倒的なユーザー数を誇り、より安全なメッセージ中心のサービスを約束していた。そのワッツアップに対し、フェイスブックは一九〇億ドル〔同約二兆円〕という目を疑うような途方もない買収金額を提示した。そして、このときもまたどうしたわけか合併に対して真剣な警鐘が鳴らされることはなかった。[5] 当時、買収価格に多くの人間が衝撃を受けた。しかし、ワッツアップが買収に応じずに市場で独立したまま事業の継続を選択したからといって、ソーシャルメディア市場の年間収益は全体で五〇〇億ドル〔同五兆三〇〇〇億円〕以上にも達する点を踏まえれば、この数字はにわかに妥当な金額に思えてくる。[6]

結局、フェイスブックは、規制当局の異議申し立てを受けることもないまま、九〇件以上の買収で企業を取り込んでいった。しかし、この件数もグーグルの買収の前では色を失うだろう。グーグルは少なくとも二七〇社の買収を規制機関の反対もないまま遂げていた。[7] このようにしてテクノロジー産業は、わずか数社による巨大なトラストによって主に構成される業界へと変わった。グーグルは検索エンジンとインターネット関連事業、フェイスブックはSNS、そして、アメリカのオンラインコマースはアマゾンが独占している。ビッグテックに対する競合企業は、虎視眈々とその座をねらっていたものの、日を追うごとに市場の片隅に追いやられていった。

　こうした買収の多くは、小規模な企業や優秀な人材の獲得を目的にしたアクイ・ハイヤー*だったが、それ以外はフェイスブックがインスタグラムやワッツアップを買収したように、深刻な脅威となりそうな競合企業の排除が目的だった。二〇〇〇年代、グーグルはグーグルTVの開発を始めた。かなりよくできた製品を生み出したが、しかし、最大のライバルであるユーチューブに匹敵するものではなかった。そのユーチューブをグーグルは買収したが、このときも規制当局から何も言われなかった。イスラエルのカーナビアプリのスタートアップ、WAZE《ワゼ》もまたグーグルにとっていずれ競合企業になる可能性を秘めていた。当時、グーグルはもっとも人気のカーナビアプリを所有していたが、かな

＊アクイ・ハイヤー：acqui-hire。買収（acquisition）と雇用（hire）を合わせた造語で、優秀なエンジニアや開発チームを獲得するため、零細ベンチャー企業を買収することを意味する。シリコンバレーで二〇〇〇年代から使われるようになった。

り露骨な方法でＷＡＺＥを買収してマップ市場を独占した。

さらにグーグルは、自社の広告事業にとって最大の強敵だったモバイル広告の最大手ＡｄＭｏｂ《アドモブ》を買収する。この買収を連邦取引委員会（ＦＴＣ）が認めたのは、アップルも本格的にモバイル広告への参入を進めており、市場の競合を図るため、グーグルの買収は競争を阻害しないという理由に基づいていた（アップルもＡｄＭｏｂの買収を進めていたが、結局失敗した）。グーグルがこうした買収を進める一方で、アマゾンはアパレル関連のＥコマースであるザッポスをはじめ、ベビー用品のオンライン専門店ダイパーズ・ドット・コムと日用品を扱うソープ・ドット・コムの両サイトを運営する親会社を買収して、将来の競業企業を傘下に収めた。

企業買収の多くは強引なものではなく、買収された側の企業の大半は高額の買収価格を喜んで受け入れていた。しかし、友好的な買収だったとしても、こうした買収による正味の影響《ネットエフェクト》は、結合した企業による変わらない市場支配だった。メディアは明らかにその事実に気づいていた。ＩＴ業界に詳しいニュースサイトの「テッククランチ」は、二〇一四年のワッツアップ買収について次のように述べていた。「フェイスブックは（いまや）もっとも人気のメッセージアプリを手に入れたばかりか、同社がＳＮＳの世界市場の覇権を維持するうえで最大の脅威を取り除いた」[8]。あるいは、買収当時、別の記者が分析していたように、「この買収が実現していなければ、〝クールではない〟フェイスブックは、同社のアプリよりももっとクールなメッセージアプリを持つ強敵を相手に、きわめて苦しい戦いを強いられていただろう。その強敵はフェイスブックに対し、存続にかかわる脅威を突きつけていた。最先端のメッセージアプリを獲得して、フェイスブックはこの脅威から逃れることができた」[9]。

「競争するな、独占せよ」

買収できない場合、こうしたビッグテックは別の対抗手段を試みた。競合企業の製品のコピーであり、その昔、マイクロソフトが好んで用いた戦略である。二〇一〇年代前半、グーグルは、ローカルビジネスの口コミサイトとして人気を博していたＹｅｌｐ《イェルプ》とのあいだで熾烈な戦いが始まると予想していた。そして、独自のローカルの口コミサイトをグーグルマップに掲載した。この種のサイトの価値はユーザーが書き込むレビューしだいだが、後発のグーグルにはこうしたレビューはない。この問題に対して、グーグルはＹｅｌｐのレビューを盗み、自社の口コミサイトに掲載するという方法で解決した。Ｙｅｌｐのレビューの希少価値は事実上損なわれたばかりか、同社が時間をかけて築いてきた収益も収奪された[10]。

グーグルが模倣を進めていたころ、フェイスブックも競合するスナップチャットが開発した機能をいくつもコピーしていた。あまりにも頻繁に模倣を繰り返し、しまいにはコピーはフェイスブックのお家芸のように思えるほどだった。フェイスブックにとって、なかでも重要なコピーは、写真や動画を二四時間だけ表示できる「ストーリーズ」をまねたことだった。アマゾンにも他社が成功した商品を模倣し、オリジナル商品を片隅に追いやった過去がある。

たしかに、企業がたがいに模倣しあい、知識を高めていくのは悪いことではない。イノベーションを生み出す土壌はそうやって整えられていく。しかし、そこにはおのずと一線が引かれていて、他社製品を模倣して排斥すれば、それは反競争的な行為となる。市場の独占維持がコピーの目的になれば、本来の目的であるはずの製品改良に反する行為になる。フェイスブックが競合企業をこそこそ調査したり、他社製品をさらに正確に焼き直すために相手を会議に呼び出したりするとき、あるいは競合企業の資金調達をはばんだりするとき、フェイスブックはそうした一線を越えたことになる。

トラストがさかんに結成されていた時代のように、時間が経過するにつれ、ＩＴ業界にも企業集中を自己正当化する考えが浸透していき、いまや潮流としてはっきりとうかがえる。この状況にかなりとまどっていた企業もあった。たとえばスタートアップ企業は、ＩＴ業界の開放性と小が大をのみ込む混沌とした市場という、かつてのインターネットの理念を信じていた。しかし、ビッグテックにとって状況はいまや万事好都合に運んでいる。市場が集中されていくことこそ自然の摂理で、独占企業が機会に恵まれることこそ、全人類によい結果がもたらされると考えている。

独占という形態の最強の声援者がペイパルの創業者で、ビリオネアのピーター・ティールだ。「競争するな、独占せよ」と言い放ったスタンフォード大学の起業家育成講義の講義録でも知られている。ティールは、競争経済とは「歴史の遺物」であり、「罠」だとレッテル貼りして、「生き残りを賭け、企業が日々繰り返される容赦ない闘争を超越するただひとつの許された方法――それは独占利益だ」[11]と臆することなく断言している。

ティールに比べれば、ビッグテックはまだしも慎重に構えている。フェイスブックは「世界をこれまで以上に結びつける」とビジョンを語っても、世界を支配する大帝国を築くつもりはないという。「何十億もの人間を結びつける、これまでに存在したことがないタイプの企業[12]」だと自称している。

しかし、こうしたビジョンを文字通り実行するには、世界的な独占が不可欠だ。グーグルの望みは世界中のあらゆる情報集積だが、それを実現するには世界中の情報をもれなく自分のものにしなくてはならない。アマゾンの望みは、消費者にサービスを提供することだけだと言っている。なんともすばらしい理念で、消費者もやめたいと思えば自由にサイトから退出できるが、一度サイトに入ってしまったらもう立ち去ることはできない。

独占禁止法の伝統にふたたび息を吹き込むには、打ってつけの部門があるかもしれない。しかし、それがどの部門なのかは著者である私にもわからない。

中国のIT産業育成

アメリカがテクノロジー産業の独占や競合企業の買収を認めてきたとするなら、中国はアメリカとは別の方法で、自国の独占的なテクノロジー企業の育成と振興を積極的に進めてきた。一説によると、世界の巨大IT企業の上位二〇社のうち九社は中国企業といわれている[13]。テクノロジー企業の育成を図るかたわら、中国政府はその事業を私企業のパワーと公権力をひとつに結びつける好機だと見なしていたが、それは憂慮すべき事態としか言いようのない方法で進められた。

もちろん、中国という国家にとって中央計画経済は、決して目新しい経済体制ではない。一九五〇年代から八〇年代の約三〇年間、中国はソビエト連邦の計画経済を原型にした経済体制にしたがい、スターリン主義やレーニン主義の影響を受けていた。一九六〇年代、中国の主要企業の大半は国営で、通常、独占企業によって営まれていた。また、五カ年計画に集約されたスターリン流の中央指令型の計画経済のもとで、誰が何を生産するのかが決定されていた。

乱暴な言い方だが、中国の計画経済は結局失敗に終わる。壊滅的な数十年(と数百万人規模の餓死者)を経た一九七八年末、中国政府はそれまでの経済方針を転換する。しかし、旧制度がすべて見直されたわけではなく、一部の制度についてはその後も変わらずに維持されたが、スターリン主義的な強圧的な計画経済はなくなり、私的財産を保有できるようになって、民間投資の禁止は解除された。しかし、党が経済を指導するというレーニン主義の方針は手つかずのまま現在も存続している。したがって中国は、資本主義経済ではあるものの、その指導については依然として政府共産党が関与している。こうした経済体制によって、中国は、イタリアのベニート・ムッソリーニが第二次世界大戦前に主張していた経済モデル——強い国家が力ある民間部門を統制する——のさらに上をいく成功例も実現することになった。

とりわけ中国のテクノロジー産業は、こうした政府の関与と支援による副産物として発展してきた産業部門だった。たしかに、この国はきわめて優秀なソフトウェアのエンジニアや研究者に恵まれ、起業文化も根づいていた。国民も新しいテクノロジーをまたたく間に受け入れ、時には旧世代のテクノロジーを一足飛びにして新技術を受容してきた。さらに言うなら、この国のテクノロジー産業は、他のどの経済部門にもまして企業間の競合が激しいのも事実だ。

しかし、中国の技術力は、国家による支援や介入がなければ、現在のような水準ではなく、ごくありきたりなレベルにとどまっていただろう。それが高水準で発展できたのは、ひとつにはアメリカの主要ＩＴ企業のサービスがブロックされていたり（フェイスブックやツイッター）、あるいはきわめて厳しい制限を受けていたり（グーグル）したからである。その結果、この国には自前でビッグテックを育成する土壌が育まれていった。中国では現在でも五カ年計画が続けられ、*テクノロジー産業は五カ年計画にともなう育成部門の常連で、国家による手厚い支援を受けている。

こうして誕生した中国のビッグテックには、世界最大の携帯電話事業者である国営のチャイナ・モバイル（中国移動通信集団）、テンセント（騰訊控股）はネットサービスの大手企業で、フェイスブックやツイッターに匹敵する。アリババグループ（阿里巴巴集団）はｅＢａｙ《イーベイ》とアマゾン、ペイパルをひとつにしたような企業で、企業間電子商取引（Ｂ２Ｂ）のオンライン・マーケットとしては世界最大だ。バイドゥ（百度）は中国の検索エンジンの最大手で、グーグルに次ぐ世界第二位の企業だ（二〇一〇年、グーグルは検閲問題と技術を盗まれることを懸念して中国から撤退した）。さらにファーウェイ・テクノロジーズ（華為技術）は従業員持株制による民間企業で、携帯電話やインターネットの関連機器を制作している。

国の企業支援事業として競合企業を独自に育成することは、かならずしも悪いとは言えない。それ

＊中国はソ連にならって一九五三年から五カ年計画を実施してきた。途中、大躍進政策の失敗や文化大革命の影響で有名無実化した計画もあったが、現在、二〇二一年から二〇二五年を対象期間とした第14次五カ年計画が実施されている。

どころか、多くの国のインターネット部門で同様な試みが行われたが、中国ほど成功した国はなかった事実のほうが驚きだ。しかし、国家による育成事業《インキュベーション》と国の介入《インシュレーション》をはばむこととのあいだには一線というものがある。中国では、共産党政府が独占企業を国家戦略のために使うようになり、共産党政府とビッグテックが密接に関連しあっている。そして、中国の物語が際立っているのは、その程度がどの国にもましていちじるしい点だ。

一例として、WeChat《ウィーチャット》（微信）について考えてみよう。ウィーチャットは中国でもっとも利用されているメッセージングやソーシャルメディア用のアプリで、ユーザーは一〇億人を超えている。このアプリについて、あるジャーナリストは「ワッツアップにフェイスブックを足し、さらにペイパルとウーバーとグラブハブ*を加え、さらにその他おおぜいのアプリを足したようなもの」[14]だとたとえた。中国ではなくてはならないアプリとなり、世捨て人になるならともかく、これなしでは誰もこの国では生きていけない。多くの人がウィーチャットに頼って生きていると口々にこたえている。

このアプリを開発したウィーチャットと、その親会社であるテンセントは中国の一民間企業だが、近年、政府との関係をますます深めつつある。たとえばテンセントは、二〇一八年に「人工知能（AI）のチャンピオン企業」の一社として正式に指定され、大小さまざまな手厚い助成金を何度も受け取っている。[15]こうした優遇策は一方的なものではなく、政府は政府で見返りを得ている。近年、中国政府は国民識別番号をウィーチャットに紐づける計画を発表した。そうすることで国民を監視するツールとしてこのアプリを使い、犯罪者や反体制の活動家と目される人間に目を光らせるのではないかと考えられた。政府は否定しているが、多くの人間がそんなふうに理解している。ウィーチャットのショートメッセージに基づいて、国民が逮捕された事件がすでに過去にあったからである。[16] 世界の主要プラットフォームのプライバシー侵害について調べた、国際的な人権擁護団体アムネスティ・インターナショナルの調査によると、テンセントのスコアは100ポイント中0ポイントで、各社のなかで最低のランクだった。[17] これこそ、官民のまだら模様で成り立つ中国のテクノロジー産業の実態なのだ。

この原稿を書いている時点で、中国は自国内で完全な発展を遂げたテクノロジーセクターを持つ限られた国のひとつだ。しかし、IT企業に対する政府の能動的な支配と指導が今後もさらに高まっていくようなら、ある疑問が頭をもたげてくる。つまり、この国もまた一九八〇年代から九〇年代の日本と同じ状況におちいるのではないかという疑問だ。中国のIT企業の現世代は今後、国営企業として定着していくか、もしくはそれにきわめて似たような企業になるのだろうか。ある意味において、中国ではテクノロジーの将来について、企業ではなく党指導部が見通しを立てることが望まれている。たとえば、現在の中国が「次世代人工知能」をはじめとする新技術の開発という大きな賭けに出ているのもそうした理由からだ。

この国の多くの者にとって、少なくとも現時点ではそれは理想的に思えるかもしれない。だが、一九八〇年代の日本で、未来は第五世代のスーパーコンピューターの開発にありと考え、官民あげて取

＊グラブハブ：二〇〇四年に設立したシカゴに拠点を置く、オンライン・フードデリバリーの大手企業。

り組んだ事実は知っておいたほうがいい。歴史が示しているように、大きな賭けといってもやはり賭けは賭けにすぎず、そうした事業を通じて、限られた大企業に過剰なほど依存する経済をもたらす危うさが生み出されてしまう。このような理念はやはり企業間競争という経済のエコシステムに反している。企業間競争の結果、市場は先行きの見えない混沌状態におちいるとはいえ、世界がこれまで遭遇してきた安定した経済のあり方としては、この混沌にまさる状態は存在しないのだ。

独占に対するアメリカと世界の反応

アメリカのビッグテックの経営者には、巨大になりすぎた自社を分割する意志など持ち合わせていないと知っても、そんなことで驚く人もいないだろう。しかし、彼らが説いている主張については心して耳を傾けなければならない。なぜなら、彼らの主張とは中国がテクノロジー市場を制覇する恐怖をかき立て、アメリカ人がナショナル・チャンピオン企業を後押しする政策に立ち返ることを要求するだけではなく、独占を達成したテクノロジー企業の分割を求めてきた伝統は打破しろと訴えているからだ。

フェイスブックのマーク・ザッカーバーグをはじめとするビッグテックの経営者は、テクノロジー産業の競争強化を求める者に対して、脅しとも思える忠告をしている。「われわれがまちがいを犯した事実は認めよう。だが、ビッグテックが競合してたがいに傷を負うことにでもなれば、われわれは現在の地位を中国に明け渡してしまう事実に気づかないのか。アメリカとは違い、中国政府が自国のテクノロジー企業の成長を支援しているのは、これは世界規模の競合であり、中国はそれに勝利することを虎視眈々《こしたんたん》とねらっているからだ」[18]。なかには、次のように説く者もいる。「少なくともフェイスブックとグーグルは、進歩を理念として、民主主義の価値を尊ぶ（カリフォルニアという）土地で創立された。中国が支配する未来では、われわれが重んじる個人の権利はますます蹂躙《じゅうりん》されてしまうことになるだろう」

こうした主張は、二〇〇八年のリーマンショックのとき、大手金融機関に資金注入を行う根拠になった「大きすぎて潰せない《トゥー・ビッグ・トゥー・フェイル》」という理屈のビッグテック版だ。皮相的で、ナショナリズムに訴えている。東洋と西洋の決戦は歴史の必然的ななりゆきであると主張する、「われわれ」対「彼ら」という物語を信じたがる者にはアピールするのかもしれない。

中国のテクノロジー産業は成長を続けている。この国の産業界はきわめて好戦的で、企業の多くは中国政府の庇護と支援を謳歌し、世界市場の覇権をめぐり、中国企業とのグローバルな戦いになるのは避けられない状況だ。そのような戦いの場で、アメリカ政府は自国企業の分割や規制について考えているようだが、むしろ政府は考えを改め、〝味方〟を保護して支援するために、あらゆる手段を講じなくてはならない。

しかし、この考えは認められない。ひとつには、アメリカやヨーロッパの独占企業と中国の独占企業を比べた場合、どちらがより安全で、どちらがより危険なのかという基本原則などないからだ。過去二〇〇年の歴史を振り返れば、その事実を裏づける悪辣な独占企業など山ほどある。さらに言うなら、本書ではこれまで、〝ナショナル・チャンピオン企業〟の育成に重きを置いた産業政策の愚行

――とくにテクノロジー部門の愚行について述べてきた。彼らの説を認めてしまえば、この愚行をめぐり、苦労の末に得た教訓にそむくばかりか、ないがしろにすることにもなってしまう。

フェイスブックが本当に求めているのは、自分たちは海外の企業と戦っているのだから、西側最大のソーシャルメディアの独占企業として認め、地位を保護しろということにすぎない。しかし、激しい市場競争にもまれたほうが、技術的にも消費者サービスの点からもはるかにうまくいくと考えたほうが正しいのは、これまでの歴史が示す通りであり、経済学の基本でもそのように示唆している。

政府がフェイスブックやアップル、グーグルなどのような企業を擁護することには、きわめて重大なリスクが潜んでいる。フェイスブックとグーグルがひとつになったとしよう。この二社で、これまで存在したあらゆる組織や企業より、もっとも多くの個人情報を所有する。両社が結びつくことで、明らかに選挙の結果を左右するほどの影響力が持てるようになるのだ。もちろん、選挙の動向を支配する圧倒的な影響力ではないが、接戦にもつれ込んだ場合、有権者の投票行動を左右するには十分な力である。

独占的な地位に永久にとどまろうと決め込んでいる組織にこのような力を授けてしまえば、実に憂慮すべき結果を招いてしまう。おそらく、そのような事態は、テクノロジーを使って国家を支援することこそ自分たちIT企業に課された義務という、一見すると災いとは無縁な動機から始まる。しかし、前世紀の独占の歴史を踏まえるなら、これこそまぎれもない「隷属への道」であるのは言うまでもないだろう。

ビッグテックをめぐるこの物語は、アメリカと中国だけの話ではすまない。イスラエルや日本、台湾、スカンジナビア諸国などのごく限られた国を除けば、自国で有力なテクノロジー産業の育成に成功した国はほとんどない以上、そうした国もアメリカや中国の影響下に置かれることになるからだ。世界が単なる国内の独占企業ではなく、完全な形で多国籍化した企業に独占支配されたことはほとんどない。

そのとき、自前のテクノロジー産業を持たない国にとって問題になるのは、貿易による比較優位を享受できる相手国がアメリカと中国の二カ国に限られてしまう現実である。これまで以上の均等な富の分配を実現するには、今後一〇年のうちに「あらゆるものを食い尽くす」と恐れられる産業界において、それを達成する方法を探し出さなくてはならない。

結びにかえて　独占企業を解体させる五つの提言

独占に歯止めをかけ分割させるには

本書ではここまで、独占の危うさをめぐって警鐘を鳴らしてきた。現在進行中の世界的企業による市場集中になんらかの対策が講じられなければ、前世紀に犯したもっとも危険なあやまちをふたたび繰り返すというきわめて深刻な危機に直面する。世界的独占企業の出現で社会がこれまで以上の混乱におちいれば、人々はさらに過激なナショナリズムを説く指導者を支持するようになる。その結果、状況はますます悪化していくだろう。そう考える理由はたくさんある。

それを避けるために、私たちは何をすればいいのだろうか。簡単に答が出る問題ではないが、見落とされているのは巨大企業の独占に歯止めをかけ、分割させるという行動計画であり、その場しのぎの局所的な対応ですませてはならない。大企業に対し、ただ変化を求めるだけでは十分ではない。法的な正当性に裏づけられ、優れた経済的手段として活用でき、さらに当局者や判事、対象となる業界にとっても使い勝手がいい行動計画を提示しなくてはならないだろう。最終章で説明するのは、その行動計画についてだ。

【行動計画1】合併の規制

世界的な反独占事業において、なにより優先されなくてはならない課題は、合併に対する各国や世界の取り組み方を刷新することにほかならない。理論上、先進国では大半の国々で厳しい規制が設けられ、独占企業や高度寡占産業の出現をはばんでいる。アメリカではクレイトン法第七条の合併規制が一九五〇年に改正された。この改正は、「増加傾向にある企業集中」に壁を設け、「当局に対し、一連の商業活動における競争の減退傾向が初期段階にある時点で企業の合併を阻止する権限[1]」を授けることを意図していた。一方、ヨーロッパの合併審査当局は、「支配的地位を確立もしくは強化」することで、「競合をいちじるしく妨げるおそれがある企業集中[2]」が起きてしまう合併を阻止するものとされている。

しかし、現実の合併規制はといえば、このように表明された意図から遠く隔たり、むしろ独占禁止法を愚弄するように運用されてきた。新自由主義の価格理論に長いあいだとらわれてきた影響のせいで、当局は、「合併後、価格が上昇する明白な証拠がもたらされるという一般法則」を、法律の文脈ではなく、明らかに何か別の話として読んでいる。

『マタイ伝』の「その実によりて彼らを知るべし」ではないが、成果という点では、主要国の合併に関する法律は、過去二〇年にわたり、反競争的合併の誕生をまったくはばめなかった。市場競争を明らかに低下させ、労働者やサプライヤーにこれという恩恵を与えないまま搾取する企業の合併を認めてきた事実について、アメリカとヨーロッパの当局は罪を免れないだろう。

アメリカでは最悪の合併が繰り返されてきた。病院の合併が全米で実施されたのはその典型で、合併の結果、治療費は上昇（それ以前から、アメリカの医療制度は世界でもっとも高額だった）した一方で、患者の死亡率に基づく実績評価は低下した。言い換えるなら、患者はこれまで以上の医療費を払いながら、命を落とすケースが増えている。

ヨーロッパも批判を免れないのは、欧州連合（EU）にはやすやすと懐柔される悪い習慣があるせいだ。欧州委員会（EC）が徹底的に合併を阻止するのはごくまれで、その結果、高度寡占産業をかならず生み出すはずの合併を相も変わらず許している。二〇一六年、ヨーロッパは世界最大の二大ビールメーカー、アンハイザー・ブッシュ・インベブとSABミラーの合併を承認し、ベルギーに本部を置く世界的な独占企業の誕生を寿《ことほ》いだ話については第7章でも説明した。これによってABインベブは、世界一〇〇カ国でおよそ五〇〇銘柄のビールを支配するまでになった。途方もない合併で、対応はアメリカ国内に限られたとはいえ、米司法省でさえこの合併に対してはたくみに阻止した[3]。

ヨーロッパの規制当局は、妥協点が見つかれば、合併はおそらく社会に受け入れられるだろうという発想にあまりにも慣れすぎているように思える。たしかに、二〇一九年に却下されたドイツのシーメンスとフランスのアルストムの鉄道事業統合計画の一件はよく知られているが、このときの判断は欧州委員会としてはまれなケースだ。この合併で鉄道車両製造の独占企業が生み出されることを欧州委員会は懸念した[4]。とはいえ、アメリカでさえ却下されるような種類の合併が、ヨーロッパではあまりにも頻繁に承認されてきた。

ハイテク業界はそれ自体が問題を抱えているにもかかわらず、ヨーロッパとアメリカの双方で反競争的合併を阻止することに再三失敗してきた。その合併が将来敵対する新興企業を排除するためかもしれない事実は、臆測にすぎないことを理由にたびたび無視されてきた。フェイスブックとグーグルが買収を繰り返しても、アメリカとヨーロッパの規制当局が認めてきたのはそうした理由からだ。イノベーションや市場のダイナミズムがもたらす効果は容易に評価できないとはいえ、合併に際してその点は考慮されていない。

合併をめぐるこの問題に対して、ひとつだけ明らかな解決法がある。認可のハードルを一気に高めるのだ。とくに業界再編をもたらす、金額にして一〇〇億ドルを超える大型合併に対する基準だ。独占を生み出す危険を踏まえると、大型合併と他の合併とが同一の基準で検討されていることがそもそもおかしい。合併企業に対し、その合併によって価格をつり上げたり、イノベーションを抑制したり、あるいは公益を害するような行為は行わないことを立証する責任を課す。これらに違反するおそれのある合併企業は〝保護観察処分〟とし、五年後の再調査の結果、反競争的合併であることが判明した場合、合併は取り消される。

国内ではこうした措置も有効だが、世界的な独占問題に対処するには十分ではない。国境を越えた一連の企業買収で、独占企業は個々の国の管轄や支配を超えた権力を持てるようになった。第二次世界大戦前に出現した国際的カルテルのように、世界的な独占企業も主権国家に似た領域をすみかとし、絶大な権力を手に入れることができる。その権力は国家をライバルと見なし、時には国家権力をしのぐことさえある。それだけに、世界的な独占企業と戦うには、国民の利益を代表する国家が結集し、新たな協力体制を構築することが求められている。

【行動計画2】市場調査と集中排除

二〇〇七年、イギリスの規制当局は市場調査*と呼ばれる検証を行い、ロンドンとエディンバラに所在する空港の市場競争の実態について調べた。調査の結果、ヒースロー空港（ロンドン）、ガトウィック空港（同）、スタンステッド空港（同）をはじめ、他の四空港の共同所有権について、かならずしも公共の利益を図っているとは言えないという結論をくだした。市場競争を高めるための是正措置として、主要空港――とくにヒースロー、ガトウィック、スタンステッドの三港――の売却を勧告した。[5] この決定に空港側は不服を申し立て、審判所で激しい抵抗を示して戦った。結果として、規制当局の判断は大いに称賛され、競争によってさまざまな手段が講じられたことで、それまで以上の高いサービスが提供されて効率性も改善された。

より多くの国がイギリスの市場調査のような権限を採用したほうがいいだろう。調査対象となる前提条件は、市場の優位性が一貫して続き、最低一〇年もしくはそれ以上の期間におよぶ場合である。こうした条件からうかがえるのは、市場が近々のうちに改善される見込みがない現実であり、現存の市場構造にちゃんとした競争原理や公的な正当性が欠落している点だ。さらに言うなら、市場そのものに自浄作用が備わっていない可能性も考えられる。

運用に際しては、企業集中が過剰に進んだ業界全体にわたる調査を実施し、行政手続きを通じて勧告案をまとめて採用を決めたのち、適法性を確認するために司法の審査を受ける。市場調査という手法は、独占や寡占の支配が長期にわたって続き、停滞した市場でありながら、独占や寡占自体はとりたてて露骨でも攻撃的でもない市場に適用した場合、きわめて効果的だ。

【行動計画3】大型訴訟と巨大企業の分割

〝反トラスト法による公訴《トラストバスティング》〟の伝統にしたがい、アメリカでは長期におよぶ独占企業に対し、事あるたびに調査が実施され、分割を要求してきた。その伝統も失われてしまったが、いまこそ復活のときであり、大型訴訟によって産業界に再編成をうながす、大々的な企業分割を実現しなくてはならない。適切に行われた巨大企業の分割がもたらす大きな利点は、その効果がはっきりと現れる点にある。巨大企業が分割されることで産業界全体のインセンティブが高まり、その結果、停滞していた業界をダイナミックな業界に一変させることさえできる。

しかし、巨大企業の解体に対して、世界の大半の国はおよび腰だ。ヨーロッパの国々や日本をはじめ、いまではアメリカでさえ企業の分割や解散は議論されなくなり、論じられたとしてもごくまれな

＊市場調査：イギリスの競争法の執行機関である競争・市場庁が行う調査で、競争に悪影響をおよぼす特性を検証する。特性が認められた場合、競争・市場庁は是正措置を講じるとともに、他の規制当局に是正を勧告できる。

場合にすぎない。市場競争を回復する手段については、きわめて高尚な話を好む傾向はうかがえるものの、そうした考えが実行された試しはほとんどない。

ただ、ヨーロッパの規制当局には、見逃せない重要な事案——とくにテクノロジー部門関連——については提訴するという、なんともうらやましい傾向が認められる。アメリカのテクノロジー産業にとって、もっとも重要な監視者の役割をヨーロッパが果たしているのだ。ビッグテックの取引に率先して目を光らせている点で、ヨーロッパのこうした姿勢はまぎれもなく称賛に値するだろう。そのなかにはグーグルに対して行われた提訴があれば、規模こそそれにおとり、世間の注目もあまり浴びなかったが、アイフォーンのプラットフォームに依存する競合企業に対し、アップルが行っていた取引に関する提訴があった。

ただ、残念なことに、ヨーロッパのこうした提訴は決定的な成果を目ざしたものではない。その好例がマイクロソフトの競争法違反をめぐる事件で、欧州委員会は何年にもわたってマイクロソフトの反競争法的行動にねらいを定めてきたが、アメリカのように同社の分割を求めるのではなく、ウィンドウズ・メディア・プレーヤー（WMP）の独占状態の乱用に重点を置いた対策を講じた。ユーザーは好みのメディア・プレーヤーをインストールできるようになったが、他のメディア・プレーヤーに乗り換えるユーザーはいなかった。これなど中途半端な独占対策の典型的な例である。[6]

組織の解体にアメリカの企業が過剰なほど抵抗するのは、企業にも法人という人格があると見なす法的な規定をアメリカの企業が過剰なほど重く受け止めているせいだ。しかし現実には、巨大企業はこれまで買収してきたさまざまな会社によって構成されているので、機能や地域、他部門との関連性を踏まえれば、一枚岩の組織ではない。折に触れて説かれるように、企業の分割は決して不可能なわけではない。分割とは、企業の一部門を切り離すスピンオフやスピンアウトのようなもので、現在では経営手法としてもとくに珍しくはないはずだ。

この理屈はすでに実行された過去の企業結合――つまり、合併から数年を経た企業の分割についてもあてはまる。完全ではないとはいえ、ここ数十年を振り返ると、アメリカの関係当局は合併企業に対する調査をさらに行うようになり、それ自体は望ましい方向に進んでいる。このような調査の大前提は、あれこれ予測する以上に企業結合の影響を正確に評価することができるという点にある。公益を損なうようになった合併企業にねらいを定めることは、反独占という法の精神にあふれていると言えるだろう。

インスタグラムとワッツアップの買収を見直したうえで、フェイスブックの分割を考えてみなくてはならない。フェイスブックは明らかに異を唱えるだろうし、新たな市場競争など迷惑なだけだろう。この分割で社会的費用が発生するにしても、それがどの程度か見極めるのは容易ではない。その一方で、企業が結合することで得られる肝心な社会的効用の有無も不明なままだ。しかし、ソーシャルメディアの世界に競争原理をふたたび持ち込むことは、おそらく品質だけでなく、プライバシー保護の強化の点でも競争原理が働くようになり、その点から評価すれば公益性にとって重大な意味を持つ。経済に直接関係しない懸念について、私たちはこれまで触れようとはしてこなかった。その懸念とは、言論の自由をめぐり、たったひとつのプラットフォームに過剰な権力が集中してしまうことへの不安である。

巨大企業の分割を手がければ、かならずと言っていいほど抵抗に出くわし、しかもその抵抗は対象となった企業だけからとは限らない。しかし、分割がもたらす実際の結果について、異論を唱える者は誰もいないだろう。適正に行われた場合、停滞していた市場は分割によって一新され、新たな競合企業の参入をうながし、産業界が再編される。

非常にうまくいけば、解体によってその国の経済政策そのものさえ変えられる。政治に大きな影響力を持つ産業界が個別に分断され、個々の企業の影響力が弱まっていくからだ。どういうわけか、企業の解体は国家経済に対する死刑の宣告に等しいと考えられているが、決してそんなことはない。ドイツ経済と日本経済は、世界史上、おそらくもっとも野心的な一連の企業分割を行ったことで変化を遂げられたのだ。しかも、両国ともその状態を損なうことなく保ち続け、世界でも屈指の豊かな国であり続けている。

【行動計画4】「競争の保護」という目標

製品やサービスの価格、さらに家計や企業の研究を主眼にしたミクロ経済学のレベルに焦点が絞られていなければ、反独占を目ざす経済や政治の役割を完全に回復させることはできない。そう考えるもっともな理由がある。誰にとっても重要な問題とは、価格の問題であり、ミクロ経済学レベルの具体的な問題であるからだ。本書になんらかの価値があるとするなら、大企業が権力を握るようになると、独占がはらむ危険はますます高まっていくこと、経済と政治は密接に結びついていること、独占が広まれば民主主義そのものへの危険が高まっていくことを指摘している点にあるだろう。

それにもかかわらず、世界の大半の国では、シカゴ学派の理念――絶対的な原則は〝消費者利益〟で、これをおいてほかにはない――を受け入れている。しかし、こうした考えは捨て去るときを迎えたようだ。この理念が失敗した現実を認め、独占に対する伝統的な懸念をさらに反映させた枠組みを採用すべき時期を迎えた。

オルド自由主義やルイス・ブランダイスの理念を支持する者なら、どのような手段を講じるだろう。私としては、いわゆる「競争の保護」という評価基準を提唱したい。市場が正常に機能して健全な競争が行われるように、国家が〝庭師〟として市場を管理するモデルを採用するのだ。このモデルのもとでは、健全な市場システムの乱用や破壊行為を市場から排除することが国に対して求められる。この種の理論にしたがえば、現行の理論より、はるかにダイナミックな競争プロセスが生み出せるばかりか、政治への影響の点でも配慮がゆきとどいている。

ブランダイスは市場競争をめぐる規制について書き残しており、こうした考えは、そのなかにも取り込まれている。「(規制の) 合法性をめぐる真の評価基準とは、課された規制が単に競争を規制するものでありながら、その規制があることで市場の競争が促進されると見なされるのか、それともその規制のために競争が抑圧されるか、もしくは競争そのものが破綻してしまうのかどうかである」[7]

【行動計画5】 独占利益の再分配

世界中の多くの国が、主要産業の独占もしくは高度な寡占を選択してきた。しかし、長い目で見ると、この方針は決して賢明な選択ではない。むしろ、広がりのあるエコシステムのほうが望ましいと私は考えている。政府が独占や寡占を容認した場合——つまり、独占による利益を受け入れた場合——基本的な理屈から言えば、国はその利益をより多くの国民に再分配するという、きわめて重大な義務を負ったことを意味する。

しかし現状はといえば、実態はむしろ反対方向に向かっている。ヨーロッパの大半の国において法人税率は引き下げられている傾向にあり、アメリカもその点では変わらない。世界でもっとも金持ちの企業であるアマゾンにいたっては、連邦税を払っておらず、それどころか税の払い戻しさえ受け取っている[8]のである。

途方もない利益をすでに得ている企業に対し、さらに恩恵を授ける政策が危険きわまりない方向に向かうように運命づけられているように思えるのは、ここまで長々と説いてきた通りだ。あまりにも過剰な集中を私企業に許し、とてつもない利益を得ている現実を容認している時代では、だからこそ利益の再分配についてこれまで以上に真剣に考え直さなくてはならない。

本書では、私たちがいま生きている、新たな金ぴかの時代に生み出されたもろもろの経済問題に対し、それを解決する具体的な行動計画が示されているわけではない。だが、このまま手をこまねいているのではなく、なんらかの手を打たなくてはならないことは主張してきた。問題は経済構造に根差しており、市場のダイナミズムと可能性を重んじ、最終的には経済構造を民主主義社会に適合させる経済観を掲げるように訴えてきた。

イギリスのマグナ・カルタ、アメリカの合衆国憲法、欧州連合（EU）のリスボン条約、さらに国連憲章は、力は制限されなくてはならないという理念にしたがっていずれも生み出された。力は集中させるべきものではなく、分散させ、常に目を光らせ、一方にかたよらせてはならない。そうでなければ、恣意《しい》的な影響力を謳歌する個人や組織の出現を許してしまうことになるだろう。

ただ、こうした条約や典章はいずれも大きな欠陥を共有している。これらは専制政治に対抗するために書かれ、国民の権利を脅かすかもしれない独占企業の可能性、当局さえしのぐ力を持つ実業家が出現する可能性は踏まえられていない。「法人」という法的な人工物が、生身の人間よりも手厚い政治的な保護を受けるまで成長するとは想定されておらず、世界規模の合併企業が国家をもうわまわる絶大な権力を握る可能性についても考え抜かれていない。

民主主義を守る戦いにおいては、巨大であること自体がすでに問題であり、大きな影響力を持っているばかりか、このふたつが結びついて時の政府を左右してきた。私的権利である巨大企業をコントロールする方向に舵を切っていかなくてはならないだろう。ルイス・ブランダイスは、真の民主主義は自由と安全がひとつに組み合わさったもので、経済的平等が粗けずりな国でも民主主義が息づいている国なら、人々は繁栄を謳歌できると考えていた。

自由と安全を両立させることは決して容易ではないだろう。だが、現在の状況について私たちがひとつだけ知っている事実があるとするなら、私たちがいまいるのは、これは進歩の成果だとか、これは人類に繁栄をもたらすある種の経済安全保障だと擁護できるレベルをはるかに越えてしまった現実なのである。

謝辞

以下の方々のご協力に感謝の意を申し上げる。担当編集者のジェイムズ・プルフォード、版権代理人のティナ・ベネット、フィオナ・ベアード、スベトラーナ・カッツ、原稿整理を担当してくれたデビッド・インゲルスフィールド、またリサーチアシスタント（RA）のヒラリー・L・ハブリー、ピーター・クラマー、テイラー・サットンなどの各氏にお世話になった。最愛の妻ケイトにも感謝の意を表するとともに、二人の娘のシエラとエッシーにも格別な礼を伝えたい。家族の協力と励ましがなければ、これほど早く本書を刊行することはできなかった。

解説

佐々木俊尚

現代史をどのように読み解くのか、という視座を考えることは常に刺激に満ちている。政治イデオロギーや経済、戦争、民族の文化、さらにはテクノロジーなど、さまざまな視座に基づいた本が無数に書かれてきた。そして本書は、そこに「独占と反独占の戦い」という新たな視座を持ち込んだ実にスリリングな一冊である。

一方には市場を企業に独占させたり、中央が決めた計画経済などを推進し、支持する勢力がある。それに対して「経済権力の分散を維持することによってその一極集中をはばみ、独占の粉砕や進行を遅らせようと試みた者たちとの戦いの物語」があると著者は書くのである。

日本ではGAFAと呼ばれているグーグルやフェイスブックなどアメリカのネット企業は、先進的なスタートアップ企業が現れると次々に買収して大規模化し、人々のパーソナルデータを独占して保持するようになり、大きな批判を浴びている。しかし二十一世紀の産業界がこのような状況になっている背景には、実は二十世紀からの独占をめぐる長い歴史があった。そのことを本書は鮮やかに読み解いてみせ、目から鱗《うろこ》がポロポロと落ちまくる体験を読者に与えてくれる。

本書に沿って現代史を振り返ってみよう。二十世紀前半に起きた二つの世界大戦は、独占の力を増大させる出来事だった。ナチスドイツと日本が典型的だったが、政治だけでなく産業も中央集権化することで、戦車の装甲に必要な鋼板があれば鉄鋼業界に命じて大量生産させることができ、新技術を求めるために業界に開発を命じることが自在にできたのだ。軍需物資を大量に調達し戦争を遂行するためには、独占による総動員体制がもっとも適していたのである。

とはいえ、最初からそういう総動員体制がつくられていたわけではない。ドイツでは一九三〇年代、ひどい不況で労働争議が多発し、おまけに民主主義政権はひ弱で、この不安定な状態が続くとロシアのような社会主義革命が起きてしまうのではという懸念が高まる。そこで産業界は、それまでは批判的だったナチスを支持するようになる。社会主義への防波堤となってくれそうな、安定政権と強い指導者を求めたのだ。本書には端的なこんな言葉が紹介されている。「どちらかを選ばなければならないとしたら、ヒトラーのほうがまだまし」

産業界はナチスに急接近し、大規模な政治献金を提供するまでになり、ついには協調して総動員体制をつくっていくようになる。

これは日本でも同じで、本書は「産業界と国家の結びつきは、世界のほかの工業国と比べ、日本は格段に緊密だったと言っても誤ってはいないだろう」とまで踏み込んでいる。もちろんその中心になったのは、三井や三菱など有力な同族によって支配された巨大な企業集団である「財閥」だった。

これは日独の枢軸国だけではない。連合国側のアメリカや欧州も同じような考えが支配していた。二十世紀初頭に世界中の資本家に支持されていた社会進化論は、ダーウィンの進化論を無理やりにねじ曲げたような政治哲学で、人類が進化するためには強者が弱者を力で支配し、新しく巨大で力のまさるものに脱皮していかなければならないと説いた。そこでは自由放任の市場原理主義が必要で、独占企業が出てくるのも必然的だと考えられていた。

この社会進化論というのはつまるところ、アジアやアフリカを侵略し、植民地にする帝国主義にはうってつけの哲学だった。そういう姿勢で当時の世界は動いていたのだ。ドイツや日本の総動員体制はその帰結のひとつにすぎなかったということである。

しかし第二次世界大戦が終わると、一気に舵は切り替わる。枢軸国との戦いでの教訓もあったのだろう。強い独占はファシズムを招く危険があると考えられるようになり、連合軍はドイツでも日本でも独占企業を解体した。日本ではGHQによって財閥が解体されたが、朝鮮戦争を機にアメリカが方針を転換し、日本を強力な反共圏として再編しようとした結果、解体が中途半端に終わったのも知られるところだ。結果として日本は一九五〇年代以降、旧財閥がグループとして再編され、株式持ち合いが進んで日本独特の産業構造を生み出す結果となった。

戦後に大きなうねりになった反独占の流れは、アメリカでは一九六〇年代に最高潮に達する。本書は書いている。「ひと言で言うなら、アメリカの戦後は、果敢な手段を用いて資本主義を手なずけようとしていた時代と特徴づけられる」

因果関係がはっきりしているわけではないが、この時代の欧米は非常に栄えた。工業化が進み、経済規模は大きく成長し、労働者の収入も増えて、分厚い中間層ができあがった。格差も少なくなり、以前よりもずっと平等な社会が実現してきた。

この時代の反独占の成果として本書は、後年のIBMの反独占法訴訟をあげている。このエピソードとそれがもたらした影響の話は、めっぽうおもしろい。

一九六〇年代から七〇年代にかけて、メインフレームと呼ばれた大型コンピューター市場はＩＢＭにほぼ独占されていた。これが反トラスト法違反だとして米司法省が切り込んだ。裁判は十二年にもおよんだが、最終的に司法省が取り下げている。その事実だけだと司法省の敗北のように見えるけれども、この裁判は実は大きくＩＢＭを揺さぶった。あまりに市場を独占してしまうことを尻込みするようになり、競合他社への攻撃を控えるようになった。そしてハードとソフトをまとめて販売することをやめ、価格を分離して販売する方向へと舵を切った。

これによってソフトウェアがコンピューター本体というハードウェアに付属するものではなく、別の市場を持つ独自の産業として確立するきっかけになった。反独占によって、ひとつの市場が生み出されたのである。

それだけではない。一九七〇年代終わりになるとパソコン、つまり大型コンピューターではない個人向けの小型コンピューターが誕生してくる。ＩＢＭはこの市場に一九八一年に参入し、巨大な力で新興パソコン市場を支配するのではないかと見られた。ところが、ここでも反トラスト法裁判の影響でそうはならなかった。ＩＢＭの発売したパソコンは、誰でも市場で手に入れられる汎用部品だけで構成されており、回路図などの重要な部分もオープンにした。この結果、「クローン」と呼ばれた互換機を多くのメーカーが製造販売するようになり、アプリケーションソフトや外部ドライブなどの記憶装置、周辺機器なども無数のメーカーが切磋琢磨して販売する自由な市場が生まれた。

さらに驚くべきは、パソコンのＯＳの扱いだった。ＩＢＭは当時、まだ零細企業だったマイクロソフトに依頼してＯＳを提供してもらったのだが、ＯＳの権利をマイクロソフトから買い取りせず、独占的な契約さえしなかった。それどころか他のメーカーにＯＳを自由に販売することを認めたのである。

本書は端的にこう記述している。「ＩＢＭは小さな会社を力ずくで支配することをためらっていた。それは反トラスト法に対する恐怖症《フォビア》という産物にほかならない」

このＩＢＭの「フォビア」がパソコン市場を開花させ、さらにマイクロソフトを急成長させることになった。反独占の力は、さらに自由で巨大な市場を生んだのだ。

この劇的な展開に対して、「独占」による失敗として本書で対置されているのは、日本の第五世代コンピュータ計画である。これは一九八〇年代に通商産業省（現経済産業省）の肝いりで行われ、人工知能的な次世代コンピューターを開発するというものだった。官民一体となった巨大プロジェクトで、まさに同じ時期にアメリカで誕生していたパソコンの自由市場とは対照的だった。一九九二年に終了し「当初の期待に十分応え」たと発表したが、実際には成果はビジネス的にはほとんどなかった。日本のコンピューター業界では、第五世代コンピュータはいまも「黒歴史」として扱われている。

日本では反独占の力はとぼしく、戦後の高度経済成長も通産省の護送船団行政によって官民一体で導かれた。そういう意味では日本は「独占」の力によって成長を成し遂げたとも言えるが、第五世代コンピュータ以降の日本のこの分野の失速を見れば、やはり「独占」に頼るあまりに、アメリカ的な自由市場による「反独占」に敗北したとも言えるのかもしれない。本書を読み進めるとそんなことを強く感じる。平成の時代の日本の経済的敗北も、本書が提示する「独占と反独占の戦い」の歴史観で読み解くことができるだろうとの思いを抱く。

しかし反独占の先導者だったアメリカ司法省も、一九九八年のマイクロソフト提訴を最後に動きが鈍くなる。一九九〇年代には反独占の流れは決定的で世界中に広まったかに思えたが、本書は「その一方で奇妙なことが起きていた」と書く。法律そのものが牙をしだいに抜かれていき、その効力を失っていったというのだ。「しかし、企業や保守的な財界人のあいだでは、反独占政策に対する抵抗が一貫して高まり続けていた。政府は資本主義そのものに対して戦争をしかけていると彼らは主張した」とも。

その背景として本書は、新自由主義の台頭をあげている。一九八〇年代、アメリカのレーガノミクスやイギリスのサッチャリズムに代表される形で新自由主義が登場してきた。この背景には欧米の戦後の経済成長が踊り場に差しかかり、経済を動かす新たな原動力が求められていたこともある。そのためには企業に自由に活動させる必要があると考えられ、経済を市場原理にまかせて政府による介入は最低限にすべきとする新自由主義がうまく適合したのだ。しかしこれが、結果として企業による市場の独占を正当化していったのはまちがいない。そのひとつの帰結としての巨大化したGAFAであり、彼らは世界の支配者になるまでになったのだ。彼らの姿勢について、本書は的確にこう書いている。

「ビッグテックにとって状況はいまや万事好都合に運んでいる。市場が集中されていくことこそ自然の摂理で、独占企業が機会に恵まれることこそ、全人類によい結果がもたらされると考えている」

GAFAの支配がいつまでも続くとは限らない。しかしその先には、アリババやテンセントなどの中国IT企業の台頭も予想されている。本書は中国の独占企業について、こう書いている。

「中国の技術力は、国家による支援や介入がなければ、現在のような水準ではなく、ごくありきたりなレベルにとどまっていただろう。それが高水準で発展できたのは、ひとつにはアメリカの主要IT企業のサービスがブロックされていたり、あるいはきわめて厳しい制限を受けていたりしたからである。その結果、この国には自前でビッグテックを育成する土壌が育まれていった」

これはまさに日本の護送船団行政そのものであり、中国は日本の戦後の高度経済成長を意識していたともされている。しかし日本はその先で壁にぶつかり、バブル期を経て長い不況に没し経済を低落させた。中国がそれと同じ轍《てつ》を踏むのかどうか。本書は「IT企業に対する政府の能動的な支配と指導が今後もさらに高まっていくようなら、ある疑問が頭をもたげてくる。つまり、この国もまた一九八〇年代から九〇年代の日本と同じ状況におちいるのではないかという疑問だ」と書く。

しかし中国は「独占」の力によって経済を成長させ、人工知能やデータの支えによって新たなデジタル版計画経済を遂行させようとしているとも言われている。はたして中国の目論見は成功するのか、それとも本書が指摘するようにいずれ中国産業界は沈むのか。その未来を考えていくのも、本書の「独占と反独占の戦い」歴史観にひたるなかでの楽しみである。

訳者あとがき

本書『巨大企業の呪い――ビッグテックは世界をどう支配してきたか』は、コロンビア大学ロースクール教授で、反トラスト法を研究するティム・ウーの *The Curse of Bigness: How Corporate Giants Came to Rule the World* を全訳したものである。原書は二〇二〇年五月にイギリスのアトランティック・ブックスから刊行された。底本として使った原書はインターナショナル版に当たり、この版に先立って二〇一八年一一月にはUS版がコロンビア・グローバル・レポーツ（CGR）から刊行されている。

タイトルはいずれの版も同じだが、US版の副題は *Antitrust in the New Gilded Age* と記されている。直訳すれば「新金ぴかの時代の反トラスト法」となるだろう。本書の第3章にあるように、アメリカでは南北戦争後に産業革命が本格的に始まり、鉄道界を中心に合併と吸収が急速に進んだ。当時の政権はこの状況に関与せず、自由放任《レッセフェール》の姿勢で臨み、その結果、産業界ではカルテルやトラストが横行した。やがて巨大化した企業が政治に介入するようになると、政界は汚職にまみれ、金権政治と拝金主義が横行する。

マーク・トウェインが命名した「金ぴかの時代」、庶民は貧困にあえぐ一方、寡占や不正な手段で途方もない私財を蓄えた実業家や銀行家は〝泥棒男爵〟と呼ばれた。だが、そう侮蔑されながらも彼らはわが世の春を謳歌していた。そして、アメリカではこの金ぴかの時代と泥棒男爵に対抗するため、ルイス・ブランダイスらによる反トラスト法の気運が高まっていく。

「巨大企業の呪い」とは、そのルイス・ブランダイスが使っていた言葉で、未整理の彼の原稿を編纂した法律家オズモンド・K・フレンケルは、*The Curse of Bigness: Miscellaneous Papers of Louis D. Brandeis*（未邦訳『巨大企業の呪い――ブランダイス評論集』）という本を一九三四年に刊行している。

南北戦争ではないが、同じように冷戦という戦争がベルリンの壁崩壊で終結した一九八九年、その後、ソ連が消滅してアメリカの単独覇権が確立すると、自由貿易圏は拡大していき、グローバリゼーションは一気に加速した。多国籍化した企業にとって国境は意味をなくし、彼らは世界各地でなんの気兼ねもなくふるまい出した。冷戦が終結した当初こそ、グローバリゼーションはよきものと喧伝《けんでん》され、世界的なサプライチェーンのおかげであらゆる国が等しく豊かになれると説かれた。

だが、現実はと言えば、所得格差はむしろ拡大するばかりで、経済は世界的に低迷している。各国で怒りとナショナリズムの声があがり、主要先進国ではポピュリズムと分断が広がり、民主主義そのものが破綻に直面している。本書『巨大企業の呪い』では、その原因についてあらためて解明が試みられ、現状を乗り越える指針が提言されている。

著者は、経済が停滞したのは巨大なグローバル企業による独占と寡占が進んだ結果、市場の競争原理と新規参入がはばまれ、イノベーションが妨げられたからだと指摘する。さらに一九九〇年代になり、シカゴ学派が説いた「よい独占」という無規制の資本主義を主張する新自由主義の価値観のせいで、アメリカがそれまで伝統としてきた独占禁止法と創造的破壊の歴史が無力化されたからだと説く。この状態は、GAFAに代表されるテクノロジー産業の寡占状態にとくに著しくうかがえる。

以上の説を裏づけるため、本書ではエリザベス一世の時代にまでさかのぼる独占禁止法の歴史がひもとかれ、十九世紀末の金ぴかの時代の反トラスト法から、今日の独占禁止法が置かれている状況までが概説されている。一九三〇年代、世界恐慌をきっかけに発生した経済戦争は、帝国主義と経済の統合度を高めつつ第二次世界大戦を招いていった。著者は独占こそ全体主義とファシズムに至る道だと説き、日本の財閥とナチス・ドイツの経済政策についても検証を加えている。戦後の日本経済の躍進と西ドイツの奇跡的な復興こそ、財閥解体とオルド自由主義による独占排除によってもたらされた証《あかし》だと著者は主張する。

さらに本書では、日本が「失われた三〇年」の低迷からなかなか抜け出せられない真因についても考察されている。一九八〇年代、あれほど勢いのあった日本のIT産業がイノベーションをなぜ生み出せなくなってしまったのか、その遠因について財閥解体を踏まえた市場構造の視点から解説が試みられている。

◆◆◆

本書奥付の略歴にも記されているように、ウーはオバマ政権の国家経済会議（NEC）のメンバーとして競争政策を担当していた。ただ、参加したのはオバマ政権の二期目に当たり、しかも政権の余命が一年も残っていない二〇一六年の半ばだった。次期大統領選が間もなく本格化する短日の期間で、十分な仕事がはたして彼にできたのか。第7章末の「どうして、バラク・オバマ政権のもとでダラプリムの価格高騰問題は起きたのだろうか。オバマは反独占に取り組むことを公約に掲げ〔略〕」というくだりには、ウーの満たされない思いがうかがえる。

そして、ヒラリー・クリントンとトランプで争われたこのときの大統領選こそ、本書の164ページに書かれている「両社〔フェイスブックとグーグル〕が結びつくことで、明らかに選挙の結果を左右するほどの影響力が持てるようになるのだ。もちろん、選挙の動向を支配する圧倒的な影響力ではないが、接戦にもつれ込んだ場合、有権者の投票行動を左右するには十分な力〔略〕」が決定的な勝因となった選挙だった。

SNSを使った有権者の心理操作による接戦州の僅差の勝利が、トランプに勝利をもたらした大統領選だった。それがトランプの政治宣伝活動「プロジェクト・アラモ」であり、イギリスのデータ分析会社ケンブリッジ・アナリティカが実務を手がけ、フェイスブックとグーグルもこのプロジェクトにスタッフを送り込んでいた〔ケンブリッジ・アナリティカは一件が明るみに出たのちに廃業〕。ただ、こうしたSNSの使い方についてトランプだけを非難することはできない。そもそも大統領選にSNSを持ち込んだのがオバマで、グーグル元CEOのエリック・シュミットと民主党との関係はよく知られている。問題は、民主主義がデジタル・テクノロジーに対応できるようには制度設計されていない点にあるのだ。その意味では、GAFAを解体しただけでどうにかなる問題ではなさそうである。

スティーブ・ジョブズが亡くなった二〇一一年秋、多くの人たちが世界を一変させたこの天才の夭折を心から悼んだ。ジョブズこそサンフランシスコ流の自由奔放な文化と、起業家らしい自由市場への熱情が融合した価値体系「カリフォルニアン・イデオロギー」を体現した人物だった。だが、その死からちょうど一〇年を経た二〇二一年、彼が育ててきたアップルをはじめ、排他的な巨大プラットフォーマーはいまや怨嗟《えんさ》の的だ。その大きさゆえに責任がともなうと世界中で非難の大合唱を浴びている。かつて反体制、反中央集権のシンボルだったシリコンバレーの雄が、いつの間にか巨大な権力を持つ支配者に変貌していた。

ＧＡＦＡをはじめ、各産業界の巨大な多国籍企業がもたらす呪いに対抗するため、ウーは眠りについてしまったアメリカの伝統、すなわち反トラスト法にふたたび息を吹き込もうとしている。そして、事態はようやく動き出した。二〇二〇年一〇月、アメリカ司法省は反トラスト法に違反しているとしてグーグルを連邦地裁に提訴した。一二月にはフェイスブックも同様の容疑で提訴されている。同じ一二月、欧州連合（ＥＵ）の執行機関、欧州委員会（ＥＣ）もまたデジタル分野における複数の規制案を発表した。大手ＩＴ企業とされているが、ねらいはまぎれもなくＧＡＦＡであるのは明らかだ。

こうした規制は日本も例外ではない。二〇二一年二月には「特定デジタルプラットフォームの透明性及び公正性の向上に関する法律」が施行され、公正取引委員会もビッグテックは取引上の優位な地位にあり、条件の一方的な変更、競合他社との取引制限があれば、独禁法に違反するおそれがあると指摘している。

所得格差を是正するには、やはり経済全体のパイを拡大するしかほかに方法はないだろう。第二次世界大戦後の西側世界がつかの間とはいえ繁栄を謳歌し、日本が〝一億総中流化〟とうそぶけたのも特定の大企業に利益が集中しない競争政策が功を奏したからだった。その結果、民主主義の担い手である厚い中流階級がまがりなりにもこの国で生み出されてきたのだ。

もちろん、巨大企業を提訴したからといって、当の企業がただちに解体されるわけではない。本書に書かれているように裁判になれば、これまでの例からみても審議はおそらく何年にもおよぶはずだ。だが、二〇二一年以降、ビッグテックや巨大企業の独占問題は、これまで以上に論議が深められていくのはまずまちがいない。本書『巨大企業の呪い』は小部な本だが、反独占という問題を考える際、その歴史的背景をめぐり、ある種の気づきを読み手にもたらしてくれるのではないだろうか。

本書の校了作業を進めていた二〇二一年三月五日、バイデン米大統領は原著者のティム・ウーをテクノロジー・競争政策担当の特別補佐官に起用したと発表した。この任命にともない、ウーはふたたび国家経済会議のメンバーになることが決まった。

最後になるが、本書を翻訳する機会を与えてくれた朝日新聞出版書籍編集部一般書編集長の増渕有氏にお礼を申し上げるとともに、編集を担当していただいた小柳暁子さんにもあらためて感謝の意を表します。制約を強いられるコロナ禍での刊行準備でしたが、細やかな対応のおかげで滞ることなく仕事が進められました。

二〇二一年三月

訳者

原　註

第１章　私たちの道がたどりついた場所

1. A. B. Atkinson, 'The Distribution of Top Incomes in the United Kingdom 1908-2000', in A. B. Atkinson and T. Piketty［共編］, *Top Incomes Over the Twentieth Century*, New York, Oxford University Press, 2007, p. 95.
2. Facundo Alvaredo, Anthony B. Atkinson, Thomas Piketty and Emmanuel Saez, 'The Top 1 Percent in International and Historical Perspective', *Journal of Economic Perspectives*, vol. 27, no. 3, Summer 2013, p. 3.
3. 同上. p. 7; A. B. Atkinson and J. E. Søgaard, 'The Long Run History of Income Inequality in Denmark', ERPU Working Paper Series (2013), p. 24; Bas van Bavel and Ewout Frankema, 'Wealth Inequality in the Netherlands, c. 1950-2015: The Paradox of a Northern European Welfare State', *Low Countries Journal of Social and Economic History*, vol. 14, no. 2, 2017, p. 53.
4. James Davis, Rodrigo Lluberas and Anthony Shorrocks, 'Credit Suisse Global Wealth Databook 2018', *Credit Suisse Global Wealth Report 2018,* October 2018, p. 9.
5. Nomi Prins, 'The Rich Are Still Getting Richer', *The Nation*, 26 February 2019.
6. 'Global Income Inequality Dynamics', Part II: Trends in Global Income Inequality, World Inequality Lab, https://wir2018.wid.world/part-2.html（閲覧は2019年11月14日).
7. United Nations Conference on Trade and Development (UNCTAD),'Beyond Austerity: Towards a Global New Deal', *Trade and Development Report 2017*, 2017, p. 15.
8. Gustavo Grullon, Yelena Larkin and Roni Michaely, 'Are US Industries Becoming More Concentrated?', *Review of Finance*, vol. 23, no. 4, April 2017, p. 697.
9. Juan Forero, 'Brazilian Company JBS Dominates Beef Industry from Farm to Fork', *Washington Post*, 14 April 2011.
10. 同上.
11. 同9.
12. Philip H. Howard, 'Corporate Concentration in Global Meat Processing: The Role of Government Subsidies', Michigan State University (September 2017), p. 1; Luke Runyon, 'Inside the World's Largest Food Company You've Probably Never Heard of', *Civil Eats*, 30 June 2015.
13. Karla Mendes, 'Brazil's "Chicken Catchers" Are Victims of Forced Labor: Report', Reuters, 30 November 2017.
14. Rogerio Jelmayer and Luciana Magalhaes, 'Brazil Police Search Home of JBS Chief, Parent Company's Headquarters', *Wall Street Journal*, 1 July 2016.
15. David Meyer, 'JBS Batista Brothers Arrested as Brazil Corruption Probes Spiral',

Fortune, 14 September 2017; Luciana Magalhaes and Paul Kiernan, 'JBS Parent to Pay $3.2 Billion to Settle Corruption Investigations in Brazil', *Wall Street Journal*, 31 May 2017.

16. Joe Leahy, 'BNDES: Lender of First Resort for Brazil's Tycoons', *Financial Times*, 11 January 2015.
17. 'Brazil's Recession Worst on Record', BBC, 7 March 2017.
18. Dom Phillips, 'Outrage after Brazil Ministry Asks Schools to Read Aloud Bolsonaro Slogan', *Guardian*, 26 February 2019.

第2章　忘れ去られた第二次世界大戦の教訓

1. Walter K. Bennett, 'Some Reflections on the Interpretation of the Sherman Act Since the Emergency', *Federal Bar Journal*, vol. 8, no. 4, July 1947, p. 317.
2. U.S. Congress, Senate, Committee on Military Affairs, Subcommittee on War Mobilization, *Cartels and National Security: Report Pursuant to S. Res. 107*, 78th Cong., 2d sess., 1944, Subcomm. Rep 4, 8.
3. Military Governor for Germany (U.S.), Proclamation, 'Prohibition of Excessive Concentration of German Economic Power; Law No. 56', *Federal Register*, vol. 12, no. 212, 29 October 1947, p. 7001.
4. Hermann Levy, *Industrial Germany: A Study of Its Monopoly Organisations and Their Control by the State*, Cambridge, Cambridge University Press, 2013, p. 7.
5. 'Kilgore Asks Labor Own Reich Industry', *New York Times*, 2 October 1944.
6. Knut Wolfgang Nörr, 'Franz Böhm and the Theory of the Private Law Society', in Peter Koslowski［編］, *The Theory of Capitalism in the German Economic Tradition: Historism, Ordo-Liberalism, Critical Theory, Solidarism*, New York, Springer, 2000, p. 150.
7. Herbert Spencer, *Social Statics: or, the Conditions Essential to Happiness Specified, and the First of Them Developed*, London, John Chapman, 1851, p. 379.
8. 同上. p. 416.
9. Gustav Schmoller, 'Das Verhältnis der Kartelle zum Staate', *Jahrbuch für Gesetzgebung, Verwaltung und Volkswirtschaft im Deutschen Reich*, vol. 29 (1905), p. 359. 翻訳と引用は以下による. Holm Arno Leonhardt, *The Development of Cartel+ Theory Between 1883 and the 1930s*, Hildesheim, Universitätsverlag Hildesheim, 2018, p. 38.
10. Knut Wolfgang Nörr, 'Law and Market Organization: The Historical Experience in Germany From 1900 to the Law Against Restraints of Competition (1957)', *Journal of Institutional and Theoretical Economics*, vol. 151, no. 1, March 1995, p. 8.
11. 同上. pp. 5-20.
12. アドルフ・ヒトラーからヘルマン・ゲーリングへの覚書(1936年8月). 引用元はR.

J. Overy, *The Dictators: Hitler's Germany and Stalin's Russia*, New York, W. W. Norton & Co., 2004, p. 441.

13. ヒトラーの覚書. 引用元はR. J. Overy, 'Misjudging Hitler', in Gordon Martel［編］, *The Origins of the Second World War Reconsidered*, London, Routledge, 1999, p. 103.
14. Franz Böhm, 'Decartelisation and De-concentration: A Problem for Specialists or a Fateful Question?', in Thomas Biebricher and Frieder Vogelmann［共編］, *The Birth of Austerity: German Ordoliberalism and Contemporary Neoliberalism*, New York, Rowman & Littlefield International, 2017, p. 133.
15. アメリカ合衆国上院軍事委員会, *Elimination of German Resources for War: Hearings Before a Subcommittee of the Committee for Military Affairs,* 78th and 79th Cong. , p. 1067.
16. Young Namkoong, 'Impact of the Zaibatsu on Japan's Political Economy: Pre and Post War Period', *International Area Review*, vol. 9, no. 2, June 2006.
17. 同上.
18. 岩崎小弥太. 引用元はJohannes Hirschmeier and Tusenehiko Yui, *The Development of Japanese Business: 1600-1973*, New York, Routledge, 1975, p. 223.〔J. ヒルシュマイヤー・由井常彦『日本の経営発展——近代化と企業経営』東洋経済新報社、1977年、345ページ〕
19. Corwin Edwards, 'The Dissolution of the Japanese Combines', *Pacific Affairs*, vol. 19, no. 3, September 1946, pp. 228–9.
20. Corwin Edwards, 'Report of the Mission on Japanese Combines: Part 1 Analytical and Technical Data', 引用部分はYoneyuki Sugita（杉田米行）, *Pitfall or Panacea: The Irony of US Power in Occupied Japan, 1945–1952*, New York, Routledge, 2003, p. 24.
21. Cartels and National Security: Report from the Subcommittee on War Mobilization to the Committee on Military Affairs, United States Senate, Pursuant to S. Res. 107, 78th Cong., 1944, Part I.
22. 'The Threat to Democracy', *New Republic*, vol. 110, no. 7, 14 February 1944, pp. 199-200.

第3章　独占禁止運動の系譜

1. *Thompson v. Haight*, 23 F. Cas. 1040, pp. 1042-43 (C.C.S.D.N.Y. 1826).
2. The Case of Monopolies (1602) 77 Eng. Rep. 1260, 1262 (QB).
3. Statute of Monopolies, 1623, 21 Jac. 1, c. 3.
4. Levy, *Industrial Germany*, pp. 5, 7.
5. 同上. p. 7.
6. Richard Frothingham, *Life and Times of Joseph Warren*, Boston, Little, Brown and Co., 1865, p. 255.

7. Dana Frank, *Buy American: The Untold Story of Economic Nationalism*, Boston, Beacon Press, 2000, p. 3.
8. George Hewes, 'An Account of the Boston Tea Party (1773)', in Randall M. Miller［編］, *Daily Life Through American History in Primary Documents*, Santa Barbara, ABC-CLIO, 2012, Vol. 1, p. 210.
9. Robert J. Allisonによる序文. *The Boston Tea Party*, Carlisle, Commonwealth Editions, 2007, p. v; Thomas Hutchinson, *The Diary and Letters of His Excellency Thomas Hutchinson*, Carlisle, Applewood Books, 2010, Vol. 1, p. 139.
10. Steven G. Calabresi and Larissa Price, 'Monopolies and the Constitution: A History of Crony Capitalism', *Northwestern University School of Law Scholarly Commons*, 2012.
11. Neil H. Cogan, *The Complete Bill of Rights: The Drafts, Debates, Sources, and Origins*, New York, Oxford University Press, 2015, p. 179. TCOBI pages v4s05.indd 170
12. Jeffrey Rosen, *Louis D. Brandeis: American Prophet*, New Haven, Yale University Press, 2016, pp. 30-31.
13. Melvin I. Urofsky, *Louis D. Brandeis: A Life*, New York, Pantheon, 2009.
14. 同上.
15. Michael C. Jensen, 'The Modern Industrial Revolution, Exit, and the Failure of Internal Control Systems', *Journal of Applied Corporate Financ*e, vol. 22, no. 1 (2010); C. Paul Rogers III, 'A Concise History of Corporate Mergers and Antitrust Laws in the United States', *National Law School of India Review*, vol. 24, no. 2, 2013.
16. Thomas A. Barnico, 'Brandeis, Choate and the Boston & Maine Merger Battle, 1903-1914', *Massachusetts Legal History 3*, 1997.
17. 同13.
18. 同上. p. 182.
19. Louis D. Brandeis, 'New England Railroad Situation', *Boston Journal*, 13 December 1912.
20. *Control of Corporations, Persons, and Firms Engaged in Interstate Commerce: Hearings Pursuant to S. Res. 98, Before the Committee on Interstate Commerce*, 62d Cong. 1174 (1912) (statement of Louis D. Brandeis, Esq., Attorney at Law, of Boston, Mass.).
21. Louis D. Brandeis, 'True Americanism'（講演：1915年7月5日：ボストン), Louis D. Brandeis School of Law Library, https://louisville.edu/law/library/special-collections/the-louis-d.-brandeis-collection/business-a-profession-chapter-22（閲覧は2019年12月20日).
22. Robert Devigne, *Reforming Liberalism: J. S. Mill's Use of Ancient, Religious, Liberal, and Romantic Moralities*, New Haven, Yale University Press, 2006, p. 76.
23. 同21.
24. Louis D. Brandeis, 'Efficiency and Social Ideals', *Independent* (New York, NY), 30 November 1914.

25. *Whitney v. California*, 274 U.S. 357, 375 (Brandeis, J. concurring), 1927.
26. 同21.
27. Louis D. Brandeis, 'The New Slavery'（講演：1912年2月3日：ニューヨーク）, 引用元は*American Marine Engineer*, April 1912.
28. Thomas K. McCraw, 'Louis D. Brandeis Reappraised', *American Scholar*, vol. 54, no. 4, 1985; Urofsky, *Louis D. Brandeis: A Life*.
29. Alan T. Peacock and Hans Willgerodt［共編］, *Germany's Social Market Economy: Origins and Evolution*, New York, Palgrave Macmillan, 1989.
30. Franz Böhm, 'Kartellauflösung und Konzernentflechtung Spezialistenaufgabe uber Schicksalsfrage?', *Süddeutsche JuristenZeitung*, vol. 2, no. 9, 1947, pp. 504-5.

第4章　独占禁止法の黄金時代——1950～1960年代

1. John Files, 'Lee Loevinger, 91, Kennedy-Era Antitrust Chief', *New York Times*, 8 May 2004.
2. 同上.
3. Ben Brady, 'United States v. Alcoa and the Spread of American Law', (PhD diss., New York University, 2015), p. 29.
4. *United States v. Aluminum Co. of Am.* , 148 F.2d 416 (2d Cir. 1945).
5. 同上.
6. Senator Kefauver, speaking on the Clayton Act, on 12 December 1950, 81st Cong., 2nd sess., *Congressional Record 96*, pt.12:16452.
7. 'HR 2374. Amend an Act Entitled "An Act to Supplement Existing Laws Against Unlawful Restraints and Monopolies"', GovTrack, https://www.govtrack.us/congress/votes/81-1949/h94（閲覧は2019年11月21日）; 'HR 2374. Amend an Act Entitled "An Act to Supplement Existing Laws Against Unlawful Restraints and Monopolies"', GovTrack, https://www.govtrack.us/congress/votes/81-1950/s45（閲覧は2019年11月21日）.
8. U.S. Congress, Senate, *Hearings Before the Subcommittee of the Committee on Appropriations*, 80th Cong., 1st sess., 19 July 1948.
9. 'The British Monopolies Act of 1948: A Contrast with American Policy and Practice', *Yale Law Journal*, vol. 59, no. 5, 1950, p. 899.
10. Serge Audier, 'A German Approach to Liberalism? Ordoliberalism, Sociological Liberalism, and Social Market Economy', *L'Economie Politique* 60, 2013–14, p. 48.
11. Steven H. Thal, 'The Existence of the Rule of Reason in the German Law against Trade Restraints: A Case Study Analysis', *New York University Journal of International Law and Politics*, vol. 3, no. 2, Winter 1970, p. 278.
12. Gregory Gethard, 'The German Economic Miracle', Investopedia [website], 17

September 2014, https://www.investopedia.com/articles/economics/09/german-economic-miracle.asp（閲覧は2020年1月15日）.
13. 'Just Like Old Times', *Time*, 20 August 1963.
14. 引用元はMichael Schaller, *The American Occupation of Japan: The Origins of the Cold War in Asia*, New York, Oxford University Press, 1985.〔マイケル・シャラー『アジアにおける冷戦の起源――アメリカの対日占領』立川京一・原口幸司・山崎由紀訳、木鐸社、1996年、60ページ〕
15. 同上, 71ページ.
16. Kozo Yamamura, *Economic Policy in Postwar Japan: Growth Versus Economic Democracy*, Berkeley and Los Angeles, University of California Press, 1967.〔山村耕造「戦後日本の経済政策――成長か経済民主主義か」(飯田経夫「経済研究」21巻2号、188～189頁、一橋大学経済研究所編、岩波書店、1970年)〕
17. Alissa A. Meade, 'Modeling a European Competition Authority', *Duke Law Journal* 46, 1996, p. 161.
18. 'Trade Bloc Voids Deal by Grundig; French Distribution Accord Held Violation of Common Market Antitrust Policy', *New York Times*, 25 September 1964.
19. U.S. Congress, House of Representatives, Judiciary Committee, *Hearing Before Subcommittee No. 3,* 84th Cong., 1st sess., 9 March 1955, p. 31.

第5章　巨大テクノロジー企業との戦い――1980～1990年代

1. Capers Jones, *The Technical and Social History of Software Engineering*, New York, Addison-Wesley, 2014.
2. Susan P. Crawford, 'The Internet and the Project of Communications Law', *UCLA Law Review* 55 (2007); Barak D. Richman and Steven W. Usselman, 'Elhauge on Tying: Vindicated by History', *Tulsa Law Review*, 2014.
3. 'Sandia and Its Management Contractor', Sandia National Laboratories, last modified 6 August 1997, https://www.sandia.gov/media/facts11.htm（閲覧は2019年12月26日）.
4. Gary E. Weir, 'The DEW Line - Cold War Defense at the Top of the World', Medium, last modified 12 March 2018, https://medium.com/@NGA_GEOINT/the-dew-line-cold-war-defense-at-the-top-ofthe-world-fbafdd90a542（閲覧は2019年12月26日）.
5. James W. Cortada, *The Digital Flood: The Diffusion of Information Technology Across the U.S., Europe, and Asia*, New York, Oxford University Press, 2012; William D. Smith, 'I.B.M. Starts Early Retirement Plan', *New York Times*, 31 August 1971.
6. Kevin Maney, *The Maverick and His Machine: Thomas Watson, Sr. and the Making of IBM*, Hoboken, Wiley, 2003.
7. United States Memorandum on the 1969 Case at 2, United States v. IBM, No. 72-344 (S.D.N.Y., 5 October 1995).

8. Stephen Brill, 'What to Tell Your Friends About IBM', *American Lawyer*, April 1982, p. 1.
9. William E. Kovacic, 'Designing Antitrust Remedies for Dominant Firm Misconduct', *Connecticut Law Review* 31, 1999, p. 1290.
10. Casey Leins, 'These States Benefit Most from the Software Industry', *U.S. News & World Report*, 19 September 2019, https://www.usnews.com/news/best-states/articles/2019-09-19/these-states-benefit-most-from-the-nations-software-industry（閲覧は2019年12月27日）.
11. Robert W. Gomulkiewicz and Mary L. Williamson, 'A Brief Defense of Mass Market Software Agreements', *Rutgers Computer and Technology Law Journal* 22, 1996.
12. Jay Dratler, Jr., 'Microsoft as an Antitrust Target: IBM in Software?', *Southwestern Law Review* 25, 1996.
13. Stanley Gibson, 'Software Industry Born with IBM's Unbundling', *Computerworld*, 19 June 1989.
14. W. Edward Steinmuller, 'The U.S. Software Industry: An Analysis and Interpretive History', in David C. Mowery［編］, *The International Computer Software Industry: A Comparative Study of Industry Evolution and Structure*, New York, Oxford University Press, 1995.
15. Frederick Betz, *Managing Technological Innovation: Competitive Advantage from Change*, 2nd ed., Hoboken, Wiley, 2003.
16. Jim Forbes, 'IBM Personal Computer', Selectric Typewriter Museum［ウェブサイト］, http://selectric.org/archive/IBMPC2002/ibmpc.html（閲覧は2019年12月27日）.
17. Joseph F. Porac, 'Local Rationality, Global Blunders, and the Boundaries of Technological Choice: Lessons from IBM and DOS', in Raghu Garud［共編］, *Technological Innovation: Oversights and Foresights*, New York, Cambridge University Press, 1997, p. 137.
18. Charles H. Ferguson and Charles R. Morris, *Computer Wars: The Post-IBM World*, Washington, Beard Books, 2003, pp. 26, 71.〔チャールズ・H・ファーガソン、チャールズ・R・モリス『コンピューター・ウォーズ、21世紀の覇者――ポストIBMを制するのは誰か！』薮暁彦訳、同文書院インターナショナル、1993年、42、104ページ〕
19. *The Industrial Reorganization Act, Hearings Before the Subcommittee on Antitrust and Monopoly of the Committee on the Judiciary*, 93d Cong. 3840 (1974) (statement of Clay T. Whitehead, Director, Office of Telecommunications Policy, Executive Office of the President, accompanied by John Eger, Deputy Director).
20. Theodore N. Vail, 'Public Utilities and Public Policy', *Atlantic Monthly* 111, March 1913, p. 309.
21. In re. Use of the Carterfone Device, 13 F.C.C.2d 420 (1968).
22. Steve Coll, *The Deal of the Century: The Breakup of AT&T*, New York, Open Road

Media, 2017.〔スティーブ・コール『地上最大の企業 AT&T 解体の内幕』奥村皓一監訳、企画センター、1989年〕
23. Howard A. Shelanski, 'Adjusting Regulation to Competition: Toward a New Model for U.S. Telecommunications Policy', *Yale Journal on Regulation* 24, 2007.
24. Edward Feigenbaum and Pamela McCorduck, 'The Fifth Generation: Japan's Computing Challenge to the World', *Creative Computing*, vol. 10, no. 8, August 1984.
25. Joel West, 'Utopianism and National Competitiveness in Technology Rhetoric: The Case of Japan's Information Infrastructure', *Information Society*, vol. 12, no. 3, 1996, p. 256.
26. Andrew H. Thorson and Frank Siegfanz, 'The 1997 Deregulation of Japan's Holding Companies', *Pacific Rim Law and Policy Journal* 8, 1999.
27. Jonathan C. Comer and Thomas A. Wikle, 'Worldwide Diffusion of the Cellular Telephone, 1995 - 2005', *Professional Geographer*, vol. 60, no.2, 2008.
28. Bill Gates, 'The Internet Tidal Wave', Letters of Note, last modified 22 July 2011, https://lettersofnote.com/2011/07/22/the - internet - tidal - wave/html(閲覧は2019年12月28日).
29. マイクロソフトは86-DOSのライセンスを2万5000ドルで供与され，のちに5万ドルで買い取った. Paul E. Ceruzzi, *A History of Modern Computing*, Cambridge, MIT Press, 2003.
30. *United States v. Microsoft Corp.* , 253 F3d 34 (D.C. Cir., 2001).
31. David Segal, 'Joel Klein, Hanging Tough', *Washington Post*, 24 March 1998.

第6章　新自由主義のゆるがぬ勝利

1. Ellen Frankel Paul, 'Hayek on Monopoly and Antitrust in the Crucible of *United States v. Microsoft', NYU Journal of Law & Liberty*, vol. 1, no. 0, 2005, p. 174.
2. Douglas Martin, 'Aaron Director, Economist, Dies at 102', *New York Times*, 16 September 2004.
3. Donald Dewey, *The Antitrust Experiment in America*, New York, Columbia University Press, 1990, p. 25.
4. George Stigler, 'The Case Against Big Business', *Fortune*, May 1952.
5. Richard Posner, 'The Chicago School of Antitrust Analysis', in *The Making of Competition Policy: Legan and Economic Sources*, New York, Oxford University Press, 2013.
6. David Savage, 'Skeptical of Government Action: Bork Takes Narrow View on Antitrust Legislation', *Los Angeles Times*, 26 August 1987.
7. 同2.
8. Edmund Kitch, 'The Fire of Truth: A Remembrance of Law and Economics at Chicago, 1932–1970', *Journal of Law and Economics*, vol. 26, no. 1, April 1983, p. 183.

9. John McGee, 'Commentary', in Harvey Goldschmid, Harold Mann, John Weston［共編］, *Industrial Concentration: The New Learning*, Boston, Little, Brown, 1974, p. 104.
10. Green Paper on Vertical Restraints. Commission (EU), 'Green Paper on Vertical Restraints in EC Competition Policy' (Green Paper on Vertical Restraints) COM (96) 721 final, 22 January 1997, p. 17を参照.
11. Neelie Kroes, Member of the European Commission, 'European Competition Policy - Delivering Better Markets and Better Choices'（発言は2005年9月15日・ロンドン）, European Commission, https://ec.europa.eu/commission/presscorner/detail/en/SPEECH_05_512（閲覧は2019年12月28日）.

第7章　グローバル化時代の独占問題

1. Anthony Giorgianni, 'How to Avoid Being Gouged When Buying Eyeglasses', *Consumer Reports*, 29 December 2016; David Lazarus,'Column: How Badly Are We Being Ripped Off on Eyewear? Former Industry Exec Tells All', *Los Angeles Times*, 5 March 2019.
2. 'Vogue Eyewear', Luxottica, http://www.luxottica.com/en/eyewearbrands/vogue-eyewear（閲覧は2019年11月18日）.
3. Valentina Za and Sudip Kar-Gupta, 'Luxottica and Essilor in 46 Billion Euro Merger to Create Eyewear Giant', Reuters, 15 January 2017.
4. 'Sticker Shock: Why Are Glasses So Expensive?', *60 Minutes*, 7 October 2012.
5. 'Justice Department Requires Anheuser-Busch InBev to Divest Stake in MillerCoors and Alter Beer Distributor Practices as Part of SAB Miller Acquisition', Department of Justice, 20 July 2016.
6. Peter Hayes, *Industry and Ideology: IG Farben in the Nazi Era*, Cambridge, Cambridge University Press, 1987, p. xii.
7. Camila Domonoske, 'Monsanto No More: Agri-Chemical Giant's Name Dropped in Bayer Acquisition', NPR, 4 June 2018.
8. 'DowDuPont Merger Successfully Completed', 2017年11月1日 Dow Corporate発表.
9. Reuters, 'ChemChina Clinches Its $43 Billion Takeover of Syngenta', *Fortune*, 5 May 2017.
10. 'High Drug Prices & Monopoly', Open Markets Institute, https://openmarketsinstitute.org/explainer/high-drug-prices-and-monopoly/（閲覧は2019年11月18日）.
11. Katy Milani, and Devin Duffy, 'Profit Over Patients: How the Rules of our Economy Encourage the Pharmaceutical Industry's Extractive Behavior', Roosevelt Institute, February 2019, p. 4.
12. バラク・オバマ（講演：2008年5月18日, オレゴン）, Reuters.
13. Adam Satariano, 'Europe's Margrethe Vestager Takes a Rare Step Toward Big Tech',

New York Times, 16 October 2019.

第8章　ビッグテック台頭

1. John Perry Barlow, 'Electronic Frontier: Coming Into The Country', *Communications of the ACM*, vol. 34, no. 3, March 1991, p. 19.
2. Nicholas Carlson, 'Here's The Biggest Threat To Facebook, And What Facebook Is Doing About It', *Business Insider*, 7 February 2012.
3. Victor Luckerson, 'Here's Proof That Instagram Was One Of The Smartest Acquisitions Ever', *Time*, 19 April 2016.
4. United Kingdom, Office of Fair Trading, *Anticipated Acquisition by Facebook Inc of Instagram Inc*, Case ME/5525/12, 14 August 2012.
5. Parmy Olson, 'Facebook Closes $19 Billion WhatsApp Deal', *Forbes*, 6 October 2014.
6. Paige Cooper, 'Social Media Advertising Stats That Matter to Marketers in 2018', Hootsuite, 5 June 2018, https://blog.hootsuite.com/social-media-advertising-stats/（閲覧は2020年1月1日）.
7. 'Tim Wu and Stuart A. Thompson, 'The Roots of Big Tech Run Disturbingly Deep', *New York Times*, 7 June 2019.
8. Josh Constine, 'A Year Later, $19 Billion For WhatsApp Doesn't Sound So Crazy', TechCrunch, 19 February 2015.
9. 'Facebook's WhatsApp Acquisition Exposes Grave Risks To The Business Model', SeekingAlpha［ウェブサイト］, 20 February 2014, https://seekingalpha.com/article/2034463-facebooks-whatsapp-acquisitionexposes-grave-risks-to-the-business-model（閲覧は2020年1月15日）.
10. 事態を調査したアメリカ政府は，グーグルに対してこうした行為をやめるように命じた．命令にしたがい，不承不承ながらもYelpのレビューの掲載は停止したが，これはYelpにとっても好都合であるとグーグルは主張しつづけた．
11. Peter Thiel, 'Competition Is for Losers', *Wall Street Journal*, 12 September 2014.
12. 'Company Info', Facebook, https://about.fb.com/company-info/（閲覧は2020年1月15日）.
13. Rani Molla, 'Mary Meeker: China now has nine of the world's biggest internet companies - almost as many as the U.S.', *Vox*, 30 May 2018.
14. 'To Cover China, There's No Substitute for WeChat', *New York Times*, 9 January 2019.
15. Gregory Allen, 'Understanding China's AI Strategy', Center for a New American Security, 6 February 2019, https://www.cnas.org/publications/reports/understanding-chinas-ai-strategy（閲覧は2020年1月1日）.
16. Eva Dou, 'Jailed for a Text: China's Censors Are Spying on Mobile Chat Groups', *Wall Street Journal*, 8 December 2017.

17. 'How Private Are Your Favourite Messaging Apps?', Amnesty International, 21 October 2016, https://www.amnesty.org/en/latest/campaigns/2016/10/which-messaging-apps-best-protect-your-privacy/（閲覧は2020年1月1日）.
18. Shannon Bond, 'Mark Zuckerberg Offers A Choice: The Facebook Way Or The China Way', NPR, 23 October 2019.

結びにかえて　独占企業を解体させる五つの提言

1. *Brown Shoe Co. v. United States*, 370 U.S. 294 (1962).
2. European Commission, 'Council Regulation (EC) No 139/2004 of 20 January 2004 on the control of concentrations between undertakings (the EC Merger Regulation)', *Official Journal of the European Union* 47, L 24, 29 January 2004.
3. Tripp Mickle and Brent Kendall, 'Justice Department Clears AB InBev's Takeover of SABMiller', *Wall Street Journal*, 20 July 2016.
4. Jack Ewing, 'E.U. Blocks Siemens-Alstom Plan to Create European Train Giant', *New York Times*, 6 February 2019.
5. Julia Werdigier and Matthew Saltmarsh, 'Report Suggests Breakup of British Airport Operator', *New York Times*, 21 August 2008.
6. Gunnar Niels, Helen Jenkins and James Kavanagh, *Economics for Competition Lawyers*, Oxford, Oxford University Press, 2011, p. 471.
7. *Chicago Board of Trade v. United States*, 246 U.S. 231 (1918).
8. Andrew Davis, 'Why Amazon Paid No 2018 US Federal Income Tax', CNBC.com, 4 April 2019, https://www.cnbc.com/2019/04/03/why-amazon-paid-no-federal-income-tax.html（閲覧は2020年1月1日）.

[著者]
テイム・ウー
(Tim Wu)
1972年生まれ。コロンビア大学ロースクール教授を経て、現在国家経済会議(NEC)のテクノロジー・競争政策担当の米大統領特別補佐官。専門は反トラスト法。マギル大学およびハーバード大学ロースクール卒業。元連邦取引委員会(FTC)の上級顧問、オバマ政権でも国家経済会議のメンバーとして競争政策を担当。著書に『マスタースイッチ——「正しい独裁者」を模索するアメリカ』(飛鳥新社)など。

[訳者]
秋山 勝
(あきやま・まさる)
立教大学卒。出版社勤務を経て翻訳の仕事に。日本文藝家協会会員。訳書にジェニファー・ウェルシュ『歴史の逆襲』、マーティン・フォード『テクノロジーが雇用の75%を奪う』(以上、朝日新聞出版)、ジェイミー・バートレット『操られる民主主義』、リチャード・ローズ『エネルギー400年史』、ジャレド・ダイアモンド『若い読者のための　第三のチンパンジー』(以上、草思社)など。

朝日選書 1020

巨大企業の呪い
ビッグテックは世界をどう支配してきたか

2021年4月25日　第1刷発行

著者　ティム・ウー
訳者　秋山 勝

発行者　三宮博信

発行所　朝日新聞出版
〒104-8011　東京都中央区築地 5-3-2
電話　03-5541-8832(編集)
　　　03-5540-7793(販売)

印刷所　大日本印刷株式会社

Published in Japan by Asahi Shimbun Publications Inc.
ISBN978-4-02-263107-7
定価はカバーに表示してあります。

落丁・乱丁の場合は弊社業務部(電話 03-5540-7800)へご連絡ください。
送料弊社負担にてお取り替えいたします。